Personalmanagement auf einen Nenner gebracht

Von Matthias Straub

Matthias Straub

Personalmanagement
auf einen Nenner gebracht

Bibliografische Information der Deutschen Nationalbibliothek:
Die Deutsche Nationalbibliothek verzeichnet diese Publikation in der
Deutschen Nationalbibliografie; detaillierte bibliografische Daten sind
im Internet über http://dnb.dnb.de abrufbar.

Coverbild: rawpixel / pixabay.com

Herstellung und Verlag: BoD – Books on Demand, Norderstedt

ISBN: 978-3-7460-8161-8

Inhaltsverzeichnis

Einleitung (Prolog)

In meiner nun über 30-jährigen Tätigkeit im Bereich des Personalmanagements habe ich festgestellt, dass sich erfolgreiche Personalarbeit im Grunde in einem Satz ausdrücken lässt:

Der richtige Mitarbeiter zur richtigen Zeit am richtigen Ort!

Damit dies gelingt, bedarf es natürlich einer Vielzahl von Aktivitäten. Würde man die Personalarbeit mit einer Handwerksarbeit vergleichen, so ginge es darum, eine gute Arbeitsvorbereitung zu schaffen, gutes Handwerkszeug und Maschinen bereitzustellen und vor allem einen Ausführungsplan zu haben.

Übersetzt auf die Personalarbeit gilt es schließlich, den heutigen und den künftigen Bedarf zu kennen, um die Ressourcen bereitstellen zu können. Die Bereitstellung erfolgt entweder in Form eigener Ausbildung und Entwicklung oder durch Einkauf am Arbeitsmarkt. Und letztlich ist die Arbeitnehmerüberlassung ebenfalls ein Mittel um Personalbedarfe abzudecken.

Da sich der Arbeitsmarkt derzeit vom Angebots- zum Nachfragemarkt entwickelt, fällt es den Arbeitgebern immer schwerer, geeignetes Personal zu akquirieren. Eine am Markt erkennbare gute Arbeitgeberdarstellung bis hin zur Arbeitgebermarke wird dadurch immer wichtiger. Der Nachfrager muss positiv auffallen und nachweislich attraktiver sein als andere.

Hat man einen passenden Mitarbeiter gefunden gilt es, ihn zu halten. Gute Arbeitsbedingungen und faire Bezahlung, ein gutes Umfeld und eine gute Unternehmenskultur sind wichtige Erfolgsfaktoren. Außerdem sollte der Arbeitgeber alle Generationen im Blick haben. Die Babyboomer (zu denen ich selbst gehöre), die Generation X, Y und natürlich Z haben in der Regel unterschiedliche Lebens- und Berufspräferenzen. Alle Generationen sollten sich im beruflichen Umfeld wenigstens zum Teil wiederfinden können.

Und wenn es dann trotzdem Probleme mit Mitarbeitern gibt, muss auch eine solche Situation mit Verstand und Bedacht angegangen werden. Die Führungskräfte im Unternehmen müssen lernen, mit schwierigen Situationen umzugehen. Es darf weder überreagiert werden, noch darf die Situation unbeachtet bleiben. Insofern sind die Führungskräfte immer ein Teil der Garantie für gute Personalarbeit. Hierauf liegt sicherlich ein starker Fokus dieses Buchs.

All diese Themen sind vom Personalmanagement zu steuern. Gut funktionierende Strukturen im Betrieb helfen im Allgemeinen, und eine gute Aufstellung der Führungskräfte und des Personaler-Teams im Einzelnen.

In den einzelnen Kapiteln werden die für mich wichtigen Inhalte der Personalarbeit dargestellt. Ich versuche anhand vieler Praxisbeispiele die jeweiligen Punkte näherzubringen. Ich werde dabei gerne Erfolge beschreiben, aber auch weniger erfolgreiche Dinge nicht vernachlässigen. Von beiden kann man lernen.

Die dargestellten Praxisfälle sind aus meinem beruflichen Leben gegriffen. Natürlich lassen diese keine Rückschlüsse auf bestimmte Personen zu, außerdem werde ich in dem ein oder anderen Fall Fakten etwas verändern, so dass die Fälle besser zu erklären sind.

Im Kapitel zu den Betriebsvereinbarungen hingegen beschreibe ich Auszüge aus den in unserem Unternehmen tatsächlich gültigen Vereinbarungen. Dies tue ich natürlich in Absprache mit der Geschäftsführung und dem Betriebsrat, deren ausdrückliche Genehmigung ich dafür habe. Die Betriebsparteien sehen an dieser Stelle auch keine Bedenken, die von mir dargestellten betrieblichen Regelungen darzustellen, da sie zum einen keine Betriebsgeheimnisse beinhalten und zu anderen als Anreiz für andere Unternehmen der Branche und deren Arbeitnehmervertretungen dienen sollen.

1. Die Bedarfsermittlung (Die Marktumgebung)

Die Personalstrategie muss immer der Unternehmensstrategie folgen. Je besser dies gelingt, desto erfolgreicher wird das Unternehmen sein. Über Möglichkeiten zum Gleichklang dieser beiden unternehmerischen Punkte gibt es zahlreiche wissenschaftliche Veröffentlichungen. Alle sind sicherlich dazu geeignet, sich dem Thema in der Theorie zu nähern oder sie praktisch anzuwenden.

Jeder verantwortungsvolle Personalmanager muss sich dieser Herausforderung stellen. Selbstverständlich berücksichtige auch ich die wissenschaftlichen Ansätze und spiegle wiederkehrend die Unternehmensstrategie mit den strategischen Ansätzen meiner Personalarbeit.

Die Ziele und daraus abgeleitete (Handlungs-) Strategien gleichen sich bei kommunalen Energieversorgern doch sehr. Diese sind:

1. Sichere Versorgung der Menschen mit Energie (Elektrizität, Wärme und Gas) und Wasser.
2. Aufgrund der gesellschaftsrechtlichen Verbundenheit mit der Kommune auch deren strategischer Partner sein.
3. Wirtschaftlicher Erfolg und damit Deckungsbeitragsbringer für den Eigentümer.
4. Attraktiver Arbeitgeber und anerkannter Ausbilder sein.
5. Aktiver Gestalter der Energiewende und der Herausforderung zur Digitalisierung.

Ein kommunaler Energieversorger hat oftmals trotz der Marktöffnungen für Strom und Gas einen entscheidenden Vorteil. Er ist in der Regel seit vielen Jahrzenten der „Platzhirsch" in Sachen Energie. Ihm wird daher meist große Fachkompetenz und Zuverlässigkeit zugeschrieben. Dennoch wird es zunehmend schwerer die Marktposition zu halten oder gar zu verbessern.

Hinzu kommen die etwas neueren Herausforderungen der Energiewende und der Digitalisierung. Es gibt Branchenkenner, die behaupten, die Energiewende kann nur mit einer dezentralen Lösung gelingen. Kleine und große Stadtwerke könnten hierfür Ideengeber, Gestalter und Baumeister sein. Dem neuesten Thema, nämlich der Digitalisierung, laufen derzeit alle Beratungsunternehmen mit Rang und Namen hinterher. Fast jedes dieser Beratungshäuser meint, es hätte die Patentlösung zum Umgang mit der Digitalisierung. Ich glaube, eine Patentlösung dafür gibt es nicht!

Ohne Zweifel lässt sich die Digitalisierung nicht mehr aufhalten. Es lässt sich wohl auch eine schnellere Taktung bei der digitalen Technik feststellen. Ein Unternehmen darf nicht so tun, als gäbe es diesen Fortschritt nicht, ansonsten verpasst es den digitalen Anschluss. Vielleicht erinnert sich der ein oder andere noch an die Firma Kodak. Die Firma hatte Fototechnik hergestellt, aber den Anschluss an die neue digitale Fototechnik verpasst. Diese ist rasend schnell marktfähig geworden und hat die analoge Fototechnik fast vollständig verdrängt.

Nun könnte man meinen, dass ein Energieversorger derartige Überlegungen zur Digitalisierung zunächst mal hintenanstellen kann. Schließlich werden ja der Strom, das Gas, das Wasser und die Fernwärme mittels echten (physischen) Leitungen verteilt, die zweifelsohne der analogen Welt zuzuschreiben sind. Das wäre aber dann doch viel zu kurz gedacht. Denn jede analoge

Technik der Verteilung von Energie und Wasser hat in der Peripherie eben auch digitale Technik. Außerdem gibt es neben dem eigentlichen Technikgeschäft eines Stadtwerks auch weitere Unternehmensaufgaben, die sehr wohl und auch direkt dem digitalen Wandel unterworfen sind. Hier sind zu nennen: Die Aus- und Ablesetechnik der Zähler, der Vertrieb, das Kundenbüro und jede administrative Verwaltungseinheit vom Einkauf, über die Finanzbuchhaltung und das Controlling bis hin zur Personalabteilung oder dem Rechtswesen.

Aus diesem Umfeld heraus gilt es nun die Personalstrategie den Zielen des Unternehmens anzupassen. Damit dies gelingt und um eine vernünftige Personalbedarfsermittlung zu erhalten, benötigt man eine gute Übersicht über alle Strukturen und Prozesse im Unternehmen. Die Organisation ist in der Regel so aufgebaut, dass sie die Strategie in Aufgaben umsetzt, die darin nach logischen Faktoren verteilt werden. Die zu bestimmende Aufbauorganisation ist bei kommunalen Energieversorgern fast ausschließlich hierarchisch. Außerdem erfolgen die Aufgabensteuerungen meist über Arbeits- und Dienstanweisungen. Diese beinhalten die wichtigsten möglichen Geschäftsprozesse und deren Standardlösung. Beide organisatorischen Bausteine des Unternehmens (Aufbau- und Ablauforganisation) bedingen die einzelnen Arbeitsprozesse und deren Steuerung.

Aus dem Organigramm des Unternehmens und aus der Struktur der Geschäftsprozesse alleine lassen sich natürlich noch keine genauen Bedarfsermittlungen erstellen. Ein vernünftiges Mengengerüst und vor allem ein konzipiertes Kompetenzmodell lässt sich erst erstellen, wenn es gut definierte Stelleninhalte gibt. In meiner bisherigen Praxis haben diese Aufgaben meist sogenannte Stellenbeschreibungen übernommen.

Eine Stellenbeschreibung hat folgende Funktionen:

1. Sie ordnet Aufgaben einer Stelle innerhalb der Organisation zu.
2. Sie beschreibt das Ziel der Stelle.
3. Sie beschreibt die Aufgaben der Stelle im Einzelnen:
4. Dies kann (wie im Fall unseres Unternehmens) eine kurze Zusammenfassung sein, nimmt aber auch schon mal größere Ausmaße in der Detailbeschreibung an.
5. Sie beschreibt Abhängigkeiten zu anderen Stellen (z.B. hierarchischer Vorgesetzter, hierarchisch unterstellte andere Stellen und Vertretungsregelungen).
6. Sie beschreibt besondere Vollmachten (Unterschriftsbefugnisse, Handlungsvollmachten, Prokura).
7. Sie beschreibt den Stellenwert im Rahmen der Tariflogik.
8. Sie beschreibt die Qualifikationsmerkmale der Stelle und deren notwendigen Kompetenzen.

Eine Stellenbeschreibung sollte alle Beteiligten (und im Zweifel einen Dritten) in die Lage versetzen, sich einen Überblick über die wichtigsten Aufgaben und notwendigen Kompetenzen der Stelle verschaffen zu können. Einige Unternehmen (auch Unternehmen der Kommunalwirtschaft) nutzen Stellenbeschreibungen zur Personalplanung und gestalten diese sehr analytisch, so dass die Kompetenzen aufgegliedert dargestellt werden. Diese werden wiederum aufsummiert, so dass ein Gesamtblick entstehen kann.

Auch wir haben uns vor einigen Jahren überlegt, welche Art von Sammelbecken für notwendige Kompetenzen für uns in Frage kommt und haben uns letztlich für das Modell der Jobfamilien entschieden, welches wir nun im Jahr 2017 ganz aktuell umsetzen. Natürlich gibt es neben den Jobfamilien andere anerkannte Modelle zur Erkennung und Steuerung der Kompetenzen. Letztlich muss man sich als Unternehmen das Modell aussuchen, das am besten zu einem passt.

Sicherlich kann ich mit den sehr praktischen Ansätzen der Jobfamilien dem interessierten Leser näherbringen, weshalb wir uns letztlich dafür entschieden haben. Die Jobfamilien beinhalten:

1. Eine Zusammenfassung gleichlautender Kompetenzen (z.B. Wissen über Elektrotechnik im Bereich X oder Y).
2. Eine unterschiedliche Gewichtung der Kompetenzen innerhalb einer Jobfamilie (z.B. Standard, Fortgeschrittener, Profi).
3. Bündelungen von Funktionen, die aufgrund vergleichbarer Anforderungen, Zielsetzungen, Wissen und Fähigkeiten über einen ähnlichen Charakter verfügen.

Mit den Jobfamilien ist es also möglich, sich einen Überblick über die Referenztätigkeiten zu verschaffen. Dabei lässt sich in den Gewichtungstypen ablesen, welche Kompetenzen mit welcher Ausprägung benötigt werden.

Beispiel einer in unserem Unternehmen definierten Jobfamilie und einer beispielhaften Darstellung der Kompetenzen:

Bezirksleiter/ Bauleiter/ Monteur - **L3**	Bezirksleiter/ Bauleiter/ Monteur - **L3**
Monteur - **L2**	Monteur - **L2**
Monteur - **L1** Fernwärme Gas Wasser	Monteur - **L1** Strom Telekommunikation

L=Level (Ausprägunfg)

Beispiel der Kompetenzausprägungen:

Basiskom-petenzen	1. Level	2. Level	3./4. Level / Teamleitung
Fachkom-petenz	Der MA verfügt über ein sicheres Fachwis-sen für die derzeitige Funktion.	Der MA verfügt über ein breites Fach-wissen für die der-zeitige Funktion.	Der MA verfügt über ein ausgezeichnetes und ak-tuelles Fach-wissen für die derzei-tige Funktion und über die eigene Funktion hinaus.
	Der MA setzt sein Fachwissen bei der Bewältigung der Auf-gaben effizient ein.	Der MA hält sein Fach-wissen auf dem neuesten Stand.	Der MA sucht aktiv nach aktuellen Infor-mationen und Wis-senserweiterung zu Fachthemen.
Arbeits-quantität	Der MA bewältigt die ihm übertragenen Arbeitsmengen	Der MA bewältigt hohe Arbeitsmengen aus sei-nem Tages-geschäft. (z.B. mind. 4 Hausanschlüsse pro Tag).	Der MA erledigt Son-der-aufgaben/Projekte ohne Vernachlässi-gung seines Tages-geschäfts.
Arbeitsqua-lität	Der MA arbeitet weit-gehend fehlerfrei und termingerecht.	Der MA hat einen hohen Qualitäts¬anspruch an sich und an die eigene Arbeit	Der MA hat hohe An-sprü-che an die eigene und an die Arbeitsqualität anderer.

Sachgebietsleitung	Gruppenleitung	Abteilungsleitung
Der MA sorgt dafür, dass die Gruppe/das Sachgebiet jederzeit fachlich auf dem neuesten Stand ist.	Der MA verfügt über ein fachübergreifendes Wissen.	Der MA verfügt in sehr hohem Maße über eine lange und umfassende Funktions- und Branchenerfahrung
Der MA sucht aktiv nach aktuellen Informationen und Wissenserweiterung zu fach- und fachübergreifenden Themen.	Der MA sucht aktiv nach aktuellen Informationen und Wissenserweiterung zu fachübergreifenden Themen.	Wie SGL
Der MA überwacht das angesetzte not-wendige Mengen-gerüst und steuert mit geeigneten Maß-nahmen.	Wie SGL	Wie SGL
Der MA überwacht die notwendige Arbeits-qualität und steuert mit geeig-neten Maßnahmen.	Wie SGL	Wie SGL

Beispiel der Kompetenzausprägungen:

Level 1-3 unterscheiden die Entwicklungsausprägungen für jeden Mitarbeiter. In den Spalten Sachgebietsleitung, Gruppenleitung und Abteilungsleitung sind zusätzliche Führungskompetenzen enthalten.
Neben den hier auszugsweise dargestellten Kompeten-

zen haben wir weitere 16 Kompetenzen in die Jobfamilien aufgenommen, wobei einige davon explizit nur für
Führungskräfte gelten. Wir teilen die Kompetenzen neben den Basiskompetenzen noch in Management- und
Führungskompetenzen ein.

Tabelle der abgefragten Kompetenzen:

Basiskompetenzen	Managementkompetenzen	Führungskompetenzen
• Fachkompetenz • Arbeitsquantität • Arbeitsqualität • Flexibilität/ Veränderungsbereitschaft • Lern-/Reflektionsbereitschaft • Kooperation • Kommunikation • Analysefähigkeit • Ergebnisorientierung • Lösungsorientierung	• Erfassung komplexer Zusammenhänge (über fachliche Themen hinaus) • Durchsetzungsvermögen • Unternehmerisches Denken und Handel • Prozessmanagement und Organisation	• Personalführung • Einfühlungs- und Adaptionsvermögen • Delegationsvermögen

Insgesamt haben wir in unserem Unternehmen acht Jobfamilien zusammengefasst und definiert. Darüber hinaus kennt jeder Mitarbeiter seine Jobfamilienzuweisung und seine Gewichtung. So kann jeder Mitarbeiter seine eigenen Möglichkeiten zur Entwicklung ablesen, außerdem ist die Diskussion um die Gewichtungsstufe in der Jobfamilie eine gute Besprechungsgrundlage für das jährlich stattfindende Mitarbeitergespräch.

Ein weiterer Vorteil der Jobfamiliendarstellung von Kompetenzen ist es, dass sich jeder Mitarbeiter Informationen zu allen anderen Jobfamilien einholen kann. So ist er in der Lage unabhängig von der heutigen Tätigkeit einen Blick auf andere Tätigkeiten und Kompetenzen zu werfen. Damit sind Entwicklungsmöglichkeiten nicht nur im Rahmen eines „Kaminaufstieges" denkbar, sondern jeder kann sich über alle anderen Möglichkeiten erkundigen.

Die Jobfamilien haben für den Arbeitgeber den größten Nutzen darin, dass durch diese strukturierte Auflistung und Summierung von Kompetenzen eine bessere und treffsichere Personalbedarfsplanung möglich ist. Hierzu bedarf es natürlich noch der Berücksichtigung der Zeitachse. Es muss also noch hinterlegt sein, wann welcher Mitarbeiter voraussichtlich aus dem Arbeitsprozess ausscheidet. Diese Informationen sind bei uns im Unternehmen systemseitig hinterlegt und zwar in der Form eines digitalen Organisationsmanagements. Hier ist hinterlegt:

1. Die Sollstelle im Organigramm (ggf. mit Anteil Teilzeit).
2. Der derzeitige Stelleninhaber.
3. Der Stellenwert im Tarifgefüge.
4. Angaben zur Befristung (ggf.).

5. Angaben zum voraussichtlichen Ausscheiden, wobei hier bei allen Festangestellten immer die Regelaltersrente als Austritt unterstellt wird, da diese gemäß den Tarifregelungen das Ende des Arbeitsverhältnisses markiert.
6. Die Stellenbeschreibung in Kurzform.

Die Zeitparameter aus diesem System finden für die Personalbedarfsplanung insofern Berücksichtigung, als diese auf eine Zeitachse zusammen mit den Jobfamilien gelegt werden.

Die Ergebnisse aus jährlichen Standardabfragen stellen so das Mengengerüst und die Kompetenzlandschaft dar, die zur Bedarfsermittlung benötigt wird. Idealerweise setzen wir diesen Standardprozess zeitlich so auf, dass er zur jeweiligen Wirtschaftsplanung ausgewertet ist. So erhält der Abteilungsleiter für seinen Bereich und die Personalabteilung in zusammengefasster Form eine vernünftige Übersicht.

Natürlich gibt es weitere Einflussfaktoren auf die Ermittlung eines funktionierenden Personalgerüstes. Verändern sich z.B. Rahmenbedingungen, muss reagiert werden. Derartige Rahmenbedingungen können entweder vom Markt kommen, von gesellschaftsrechtlichen Änderungen oder aber auch vom Gesetzgeber.

Als z.B. im Energiemarkt das sog. „Unbundling" (zu Deutsch: Entflechtung) gesetzlich eingeführt wurde, war es opportun, möglichst darauf zu reagieren.
Exkurs zum Unbundling (Quelle: Verivox.de 2018):
Der Begriff Unbundling (zu Deutsch: Entflechtung) beschreibt die gesetzliche Forderung nach einer Trennung von Netz und Vertrieb bei Energieversorgungsunternehmen. Ziel ist ein neutraler Netzbetrieb – wie es auch im Energiewirtschaftsgesetz (EnWG) vorgeschrie-

ben ist. Das EnWG sieht Maßnahmen zur buchhalteri-
schen, informationellen, organisatorischen und gesellschaftsrechtlichen Entflechtung vor.

Hintergrund: Gleiche Bedingungen für alle Marktteilnehmer

Ist ein Energieversorger gleichzeitig Netzbetreiber, besteht für ihn die theoretische Möglichkeit, seine Energie
günstiger oder sogar kostenfrei durchzuleiten. Für kon-
kurrierende Unternehmen würden sich daraus jedoch
Wettbewerbsnachteile ergeben. Das können beispielsweise Informationsvorsprünge über freie Kapazitäten
oder über Kundenwechsel sein. An dieser Stelle greifen
die Entflechtungsvorschriften. Sie haben das Ziel, Dis-
kriminierungen, Quersubventionierungen und andere
Wettbewerbsverzerrungen zu verhindern und somit
gleiche Wettbewerbsbedingungen für alle Marktteil-
nehmer herzustellen.

Entflechtungsvorschriften zielen insbesondere auf
vertikal integrierte Unternehmen mit einer Monopol-
stellung. Das sind Unternehmen, die sowohl ein Über-
tragungs- bzw. Fernleitungsnetz betreiben als auch auf
einer anderen energiewirtschaftlichen Wertschöpfungs-
stufe tätig sind – etwa im Vertrieb, im Handel oder in
der Erzeugung.

Informatorisches Unbundling

Das informatorische Unbundling fordert die Trennung
sensibler Daten wie beispielsweise Kundendaten. Das
bedeutet, dass Vertrieb und Netz ausschließlich Informationen über Kunden erhalten dürfen, die von diesen Bereichen beliefert werden. Kundendaten aus dem
Netzbereich dürfen nicht an den Vertrieb weitergelei-
tet werden. Der Netzbetreiber muss also Maßnahmen

ergreifen, die den Informationsfluss sowie die Vermischung der Datenbestände zwischen Netz und Vertrieb verhindern. Erreicht werden kann dies mit sogenannten Chinese Walls.

Buchhalterisches Unbundling

Das buchhalterische Unbundling beschreibt die Trennung der Rechnungslegung. Energieversorger müssen demnach getrennte Konten, Bilanzen sowie Gewinn- und Verlustrechnungen für die Erzeugung, Übertragung und den Vertrieb erstellen. Alle Bereiche müssen so behandelt werden, als handele es sich um komplett eigenständige Unternehmen. Durch das buchhalterische Unbundling sollen Quersubventionierungen verhindert und Transparenz geschaffen werden. Folglich müssen sämtliche Kosten des Netzbereichs verursachungsgerecht zugeordnet werden können.

Organisatorisches Unbundling

Das organisatorsche Unbundling sieht eine Trennung der Organisationsstruktur des Managements vor. Ziel ist es, die Eigenständigkeit der Netzgesellschaft zu gewährleisten. Dazu gehört im Besonderen die Trennung im Personalbereich, die auf Leitungsebene vollzogen werden muss. Zu entflechten sind die Aufgabenbereiche, Befugnisse, Verantwortlichkeiten und formalen Zuständigkeiten von Führungspersonen.

Legal Unbundling

Beim Legal Unbundling handelt es sich um ein sogenanntes Rechtsform-Unbundling, das die Entflechtung von Netz und Vertrieb bezüglich der Rechtsform vorsieht. Netz und Vertrieb müssen folglich ein jeweils eigenständiges Rechtssubjekt bilden.

Über 90 Prozent der Netzbetreiber sind vom Unbundling ausgenommen

Während auf Übertragungsnetzebene ein neutraler Netzbetrieb reibungslos funktioniert, herrschen auf der Ebene regionaler und lokaler Netze noch immer Verflechtungen. Grund sind die in Deutschland bestehenden Ausnahmeregelungen, die für Verteilnetzbetreiber mit weniger als 100.000 angeschlossenen Kunden entschärfte Vorschriften vorsehen.

Diese Regelung war zunächst eingeführt worden, um kleine Netzbetreiber vor den Mühlen der Bürokratie zu schützen. Da jedoch hierzulande circa 90 Prozent der Strom- und 95 Prozent der Gasverteilnetzbetreiber unter diese sogenannte De-minimis-Regelung fallen, ist ein Großteil der Netzbetreiber von den gesetzlichen Regelungen zur rechtlichen und operationellen Trennung von Netz und Vertrieb ausgenommen.

Netzbetreiber, die unter die De-minimis-Grenze fallen, müssen ihren verbundenen Vertrieb rechtlich nicht vom Netzbetrieb trennen. Die für sie zuständige Behörde ist nicht die Bundesnetzagentur, sondern eine Landesregulierungsbehörde. Damit werden die Unbundling-Vorschriften teilweise ad absurdum geführt.

Als Folge dieser Neuregelung mussten Fachkräfte ausgebildet und/oder eingestellt werden, die in der Lage waren, die teilweise sehr komplizierten Vorgänge in der Regulierung, der Netznutzung und der Marktkommunikation zu verstehen. Nur so konnten wir die gesetzlich vorgeschriebenen Pflichten erfüllen und außerdem die optimale Strategie erstellen. Zum erhöhten Personalbedarf kam hier sogar noch ein notwendiger Kompetenzaufbau hinzu.

Ein weiterer gesetzlicher Einschlag kam mit der Änderung des Umsatzsteuergesetzes im Jahr 2016. Demnach müssen künftig interne Leistungen zwischen verbundenen Konzernunternehmen (also rechtlich selbstständige Einzelunternehmen, die über gesellschaftsrechtliche Verflechtungen ein Konzern darstellen) tatsächlich auch in der Umsatzsteuer abgebildet werden. Die dadurch entstehende Flut von Rechnungen und Zahlungsflüssen konnte nur durch Erhöhung der Personalressourcen in der Finanzbuchhaltung geleistet werden. Zumindest war hier kein zusätzlicher Kompetenzaufbau notwendig, sind doch derartige Aufgaben von einem Buchhalter problemlos zu erledigen.

Eine sehr wichtige Grundausrichtung der Bedarfsermittlung ist die Produktivität der Mitarbeiter und der Strukturen. Sind die Strukturen nicht gut aufgestellt oder die Arbeitsprozesse aufwendig, kann es schnell zu Ineffizienzen kommen. Oder aber die Systeme und Strukturen sind sehr gut aufgestellt, aber die Kompetenzen der Mitarbeiter passen nicht dazu. Nicht selten ist auch die Wertschöpfung zu tief angesetzt, so dass dadurch Marktnachteile entstehen. Viele Stadtwerke haben sich z.B. schon vor viele Jahren entschieden, den Tiefbau für alle Rohrnetzarbeiten nicht mehr mit eigenem Personal zu bewältigen, sondern diese Aufgabe auszulagern. Diese Aufgaben können nämlich schneller und kostengünstiger von Fachfirmen erledigt werden, da sich diese ausschließlich mit derartigen Arbeiten beschäftigen und von daher einen hohen Spezialisierungsgrad aufweisen. Hinzu kommen oftmals auch niedrigere Tarifgehälter der Arbeitnehmer.

Zusammengefasst lässt sich festhalten, dass es wichtig ist, bei der Personalbedarfsplanung alle dargestellten Parameter zu berücksichtigen. Der Erfolg des Unternehmens hängt stark davon ab, dass dies auch gut gelingt. Ineffizienzen verkraftet ein Unternehmen in Abhängigkeit zu betriebswirtschaftlichen Rechengrößen (ROI, Eigenkapitalquote, Ertrag, Gewinn, etc.) sicherlich für einen gewissen Zeitraum. Ein derartiger fortdauernder Zustand hingegen ist sehr kritisch.

Alle Informationen in Summe, gepaart mit strategischen, gesetzlichen und organisatorischen Überlegungen, münden in eine Personalgesamtplanung. Das nachfolgende Schaubild zeigt nochmals die möglichen Einflussfaktoren:

Abb. 4: Einflussfaktoren für die Personal(Bedarfs-) Planung

Die Einflussfaktoren sind natürlich zu gewichten und zu priorisieren. In der Praxis werden die Faktoren nie gleichstark zu berücksichtigen sein. Erfolgreiche Personalplanung geschieht dann, wenn es gelingt, den „Zahn der Zeit" zu erkennen und die Einflüsse folgerichtig zu bewerten.

In unserem Unternehmen ist die Strategie in einer sogenannten Strategielandkarte deutlich beschrieben. Diese wird jährlich geprüft und im Vorausblick für die nächsten 5 Jahre immer aktualisiert. Damit kann auch die Personalstrategie bezüglich dieses Einflussfaktors beschrieben werden. Alle anderen Faktoren müssen ebenso Berücksichtigung finden und es muss eine flexible Handlungsmöglichkeit bezüglich kurzfristig eintretender Ereignisse bestehen. Dabei wird der Planbedarf in eigenen Strukturen aufgebaut, entwickelt und gehalten, während der Ad-Hoc-Bedarf entweder durch Zusatzarbeit (Überstunden oder Mehrarbeit) oder auch in wenigen Fällen durch Fremdleistung vorgehalten wird. Die Fremdleistung kann dann im Rahmen eines Werkvertrages, eines freien Dienstvertrages oder einer Arbeitnehmerüberlassung erfolgen.

2. Die Suche (Akquise)

Als Grundlage für die Personalakquise dient zunächst der Personalbedarf, der wie beschrieben in Qualität, Quantität und zeitlicher Notwendigkeit festgehalten ist. Die Suche kann dann entweder im internen Mitarbeiterkreis oder externen Arbeitsmarkt stattfinden. Manchmal ist es auch angebracht, beide Möglichkeiten gleichzeitig zu nutzen. In mitbestimmten Betrieben muss außerdem beachtet werden, dass der Betriebsrat für den Bereich der internen Suche mitreden kann. Tut er dies, empfiehlt es sich, eine Betriebsvereinbarung dazu abzuschließen. Wir haben dies getan und uns entschlossen, einen Art Grundmarker zu setzen, indem wir der internen Suche zwar eine Priorität einräumen, aber gleichzeitig eine Öffnungsklausel für einen anderen Weg vereinbart haben. Ich kann mich an keinen Fall erinnern, bei dem wir über dieses Gebot gestritten hätten. Hat der Arbeitgeber ein Interesse, eine Stelle direkt von Beginn der Suche an extern auszuschreiben, dann konnten wir dem Betriebsrat entweder die Gründe erläutern oder wir fanden immer einen anderen Weg, z.B. haben wir dann zusätzlich auch noch intern ausgeschrieben.

Neben der Frage nach der internen oder externen Suche ist auch noch die Frage nach der Art der Suche zu beantworten.

Es gibt mehrere Arten der Suche:

Ausschreibung Printmedien	Headhunting	Personalver-mittlung
Ausschreibung Homepage	Ausschreibung Hochschule	Radiowerbung

Abb. 5: Übersicht der möglichen Suchoptionen

Ausschreibung Printmedien, Homepage oder Hochschule:

Dies sind verhältnismäßig günstige Möglichkeiten der Suchanzeige und immer noch ein guter Weg. Die Stellenanzeige kann z.B. in bekannten (regionalen) Tages-zeitungen erfolgen. Die Anzeigen sollten angemessen groß sein und natürlich das Unternehmen schnell erkennen lassen. Wichtig ist dann unter Umständen das Corporate Design (CD) zu beachten.

Kostenfrei funktioniert es natürlich als Anzeige auf der eigenen Homepage. Für alle Ausschreibungen empfiehlt es sich, die Suchanzeige immer auch online in die entsprechende Rubrik der Homepage zu stellen. Für den modernen Google-Search ist dies auch unverzichtbar. Ebenso kostengünstig sind Einstellungen auf Suchrubriken an Hochschulen, die dafür sehr offen und letztlich auch dankbar sind.

Ein Beispiel aus unserer Suchpraxis beweist die immer noch gegenwärtige Attraktivität der hier beschriebenen Möglichkeiten:

Im Jahr 2016 haben wir uns entschieden einen völlig neuen Weg der Nachfolgeplanung von Fach- und Führungskräften anzugehen. Wir haben uns auf die Suche nach fünf Jungakademikern aus den technischen Studiengängen Elektrotechnik, Mechatronik, Maschinenbau und Bau gemacht, die wir allesamt mit unbefristeten Arbeitsverträgen ausstatten und anständig bezahlen wollten. Für diese Suche nutzten wir die Anzeige in den beschriebenen Printmedien und an den exponierten Hochschulen für Technik. Und siehe da: Wir hatten weit über 300 Bewerbungen innerhalb von 3 Wochen. Wir konnten aus dem „Vollen" schöpfen.

Personalvermittlung/Headhunting:
Die Personalvermittlung ist eine eher kostspielige Möglichkeit der Suche von Arbeitnehmern. Sie schließen als Unternehmen einen Vermittlungsvertrag mit einem Dienstleister, dessen vertraglicher Auftrag es ist, die Suche zu übernehmen. Anhand der Stellenprofile macht sich dieser auf den Weg um über seine Kanäle den passenden Arbeitnehmer zu finden. Dabei ist die Spanne von gut bis weniger gut und von billig bis teuer recht groß. In meiner Praxis habe ich schon erlebt, dass kleine (unscheinbare) Vermittler für kleines Geld schnell und treffsicher unterwegs waren, während vermeintliche Top-Vermittler für ein hohes Honorar weniger erfolgreich waren. Wichtig dabei ist dem geübten Personaler eigentlich vor allem, dass ihm die Arbeit wirk-

lich abgenommen wird und er am Ende nicht doppelt agieren muss. Gerade bei einem hochpreisigen Anbieter mussten wir beispielsweise ständig nacharbeiten und hatten Probleme mit deren internen Zuständigkeiten. Am Ende war unser Dienstleister zwar erfolgreich bei der Suche, aber der Weg dahin war steinig und teuer!

In der Regel werden Personalvermittler selbst Headhunting betreiben oder sich derer bedienen. Wo sonst sollten die potenziellen Bewerber herkommen? Das Gabler Lexikon definiert Headhunting so: Headhunting ist die gezielte Abwerbung von Mitarbeitern aus anderen Unternehmen unter Einschaltung darauf spezialisierter Personalberater. Erschlossen wird ein Mitarbeiterkreis, der sich ohne direkte Ansprache nicht auf eine Stelle bewerben würde. In USA weit verbreitet; zunehmende Bedeutung auch in Deutschland.

Der Markt an Arbeitsvermittlungen ist groß, unübersichtlich und ganz ehrlich: Ich möchte nicht wissen, mit welchen Mitteln man dort um die Kandidaten kämpft. Meine Empfehlung ist hier eher allgemeiner Natur. Vorsichtig heranpirschen, mit kleinen Aufträgen beginnen und genau darauf achten, wie von dort geholfen wird. Ein guter Vermittler hört zu, reagiert auf Hinweise, gibt schnelles und gutes Marktfeedback, koordiniert die notwendigen Gespräche und stellt sich schnell auf die Besonderheiten des Kunden ein.

Radiowerbung:
Hierzu haben wir eine ganz tolle Erfahrung gemacht. Wir haben in der Metropolregion Rhein-Neckar zwei große private Radiosender. Zufälligerweise hatte sich eine Vertriebsmitarbeiterin des Senders zu einer Zeit bei uns gemeldet, als wir tatsächlich einen wichtigen Search vor uns hatten. Irgendwie hatten wir einfach

Lust mal etwas Anderes auszuprobieren. Wir hatten einen Radiospot produziert, bei dem die Chefin unseres Searches in einer Art Interview aufgenommen wurde, bei dem die Inhalte der Stelle und die notwendigen Kompetenzen genannt wurden. Weiterhin wurde unser Unternehmen in einem knackigen Text dargestellt. Dieser Spot lief eine Woche zu guten Sendezeiten im Radio und war außerdem auf der Homepage des Radiosenders zu finden. Diese Suche ergab eine gute Anzahl an Bewerbern, von denen wir damals tatsächlich einen eingestellt haben, welcher heute noch erfolgreich bei uns arbeitet.

Der Suchprozess und die notwendigen Kriterien:

Für einen geordneten Suchprozess ist es wichtig, dass neben dem Bedarf die Suchkriterien gut sortiert und definiert sind. Die besten Hinweise erhält man in der Praxis meist von den Inhalten einer Stellenbeschreibung, sofern diese aussagekräftig genug sind. In unserem Unternehmen sind die Stellenbeschreibungen im Jahr 2012 neu aufgesetzt worden und sind daher relativ aktuell. Darüber hinaus beinhalten sie auch weitergehende Informationen. Die wichtigsten Punkte für eine gezielte Suche sind darin enthalten:

1. Stellenbezeichnung: Diese sollte in gut aufgestellten Organisationen bereits deutlich genug sein, so dass sich jeder ein erstes gutes Bild machen kann. Suchen wir beispielsweise einen Mitarbeiter als Techniker im Bereich Fernwärmestationsbau genügt es nicht, die Bezeichnung „technischer Angestellter" zu wählen. Hier wird in der Stellenbeschreibung sicherlich stehen „Techniker SHK Fern-wärmestationsbau".

Eine derartige Bezeichnung kann man auch fast 1:1 für die Akquise nutzen.

2. Organisatorische Zuordnung der Stelle: Auch diese Angabe ist einer Stellenbeschreibung zu entnehmen.

3. Formelle Qualifikationen: Hierzu zählen Erstausbildung, Weiterbildung, Studium, etc. Im obigen Beispiel könnte in der Stellenbeschreibung als Qualifikation stehen „Sanitär-Heizung-Klima (SHK)Installateur mit abgeschlossener Weiterbildung zum Techniker oder Meister SHK".

4. Stellenwert in Entgeltgruppe (EG) gemäß Tarifvertrag.

5. Grob gegliederte Aufgabenbeschreibung (idealerweise in %-Anteile).

6. Bei Führungskräften: Angabe der Führungsspanne.

Die Sichtung der Bewerbungen - der erste Check ist wichtig!

Zugegebenermaßen ist dieser Teil der Personalarbeit eine der wenigen Dinge bei der ich nur über rudimentäre Praxiserfahrung verfüge. Trotzdem möchte ich das Thema nicht aussparen und versuche deshalb mein Halbwissen mit Hinweisen von echten Profis zu vermischen. Ein echter Profi ist meine Mitarbeiterin im Search. Manchmal habe ich sogar den Eindruck, dass sie den richtigen Kandidaten förmlich riechen kann. Aber wie funktioniert das nun?

Das Bewerbungsanschreiben sollte kurz und prägnant formuliert sein. Es sollte fehlerfrei und in guter Grammatik geschrieben sein. Inhaltlich ist es vorteilhaft, keine allgemeinen Floskeln zu verwenden und bereits hier die persönlichen Vorzüge herauszustellen. Auf die für die Stelle relevanten Kompetenzen sollte man abstellen. Ein geübter Personaler wird sich anhand folgender Fragen der Bewerbung nähern:

- Handelt es sich um ein individuell angefertigtes Anschreiben?
- Macht das Anschreiben einen stimmigen Eindruck?
- Kommt der Bewerber ohne große Floskeln auf den Punkt?
- Vermittelt der Bewerber den Eindruck, dass er weiß, worauf es bei der Stelle ankommt und dass er die entsprechenden Qualifikationen auch besitzt?
- Liefert der Bewerber nicht nur Informationen über seine fachliche Qualifikation, sondern auch über seine Persönlichkeit und seinen Arbeitsstil?

Darüber hinaus muss ein Lebenslauf eingereicht werden, der heute in der Regel tabellarisch erstellt ist. Darin enthaltene Unstimmigkeiten erkennt man mit einem geübten Blick. Sind z.B. die zeitlichen Abläufe der bisherigen beruflichen Tätigkeiten mit einer größeren Lücke angegeben. Derartige Lücken sind immer erklärungsbedürftig.

Obwohl es noch immer gängige Praxis ist, Arbeitszeugnisse einzureichen, kann ich sagen: Glauben Sie keinem Arbeitszeugnis. Obwohl es einen arbeitsrechtlichen Grundsatz der Zeugniswahrheit und Zeugnisklarheit gibt, wage ich zu behaupten, dass jedes dritte Arbeitszeugnis das Papier nicht wert ist. Wenn man nämlich weiß, auf welchen Wegen Zeugnisse erstellt werden, dann glaubt man einfach nicht mehr an korrekte Inhalte. Das ist an der Stelle aber auch gar nicht schlimm. Wird es also eingereicht, schaut der geübte Personaler gerne auf die Tätigkeitsbeschreibungen und auf die Gesamtnote, die in wohlgewählten Worten irgendwie umgerechnet werden können. Erkennen Sie den Sarkasmus dieser Beschreibung?

Bewerbungsgespräch/Assessmentcenter oder beides?

Hat man nun die Bewerbungsunterlagen gecheckt und sich einen ersten Eindruck verschafft, muss man den Menschen kennenlernen. Also wird man einen Termin für das Bewerbungsgespräch vereinbaren.

Ich bin überzeugt, dass es zum Thema Bewerbungsgespräch bei „Dr. Google" Informationen gibt, die kein Ende finden. Außerdem wird es auch sehr viele kluge und akademisch-herangehende Menschen geben, die eine Dissertation dazu schreiben könnten (vielleicht sogar getan haben). Um was geht es aber am Ende? In der relativ kurzen Zeitspanne von 60-120 Minuten wollen Sie einen Menschen danach beurteilen, ob er den Job machen kann, den Sie zu vergeben haben und gleichzeitig wollen Sie checken, ob er auch sonst zu Ihnen und Ihrem Unternehmen passt. Im Bewerbungsgespräch kann es also allein darum gehen, einen ersten Eindruck zu bekommen. Hierfür eignen sich natürlich Fragestellungen mit einem großen Fokus. Einige gute und bewährte Beispiele sind:

1. Erzählen Sie mir etwas über sich.
2. Warum haben Sie sich bei uns beworben?
3. Aus welchem Grund wollen Sie Ihren derzeitigen Arbeitgeber verlassen?
4. Was wissen Sie über unser Unternehmen?
5. Was möchten Sie in drei/fünf/zehn Jahren erreicht haben?
6. Warum denken Sie, die richtige Besetzung für diese

Stelle zu sein?

7. Was sind Ihre persönlichen Stärken und Schwächen?
8. Was stört Sie am meisten an anderen Menschen und wie gehen Sie damit um?
9. Was würden Sie gerne verdienen?
10. Was machen Sie in Ihrer Freizeit?

Natürlich hat das Frage- und Antwortspiel auch Grenzen. Nach ständiger Rechtsprechung des Bundesarbeitsgerichts gibt es auch Tabus bei der Fragerei. Im Einzelnen sind dies:

1. Fragen zur Familienplanung, z.B. Fragen
• zum Familienstand
• zur sexuellen Neigung (homo- oder heterosexuell)
• zu einer bestehenden Schwangerschaft
• zum Kinderwunsch
• zur Tätigkeit des Partners
• zu den anderen Familienmitgliedern oder Verwandten

2. Fragen zur gesundheitlichen Situation, z.B. Fragen
• zum derzeitigen Gesundheitszustand
• zu einer vorhandenen Behinderung
• zur vergangenen Erkrankungen (inklusive Dauer)
• zu schweren Krankheiten in der Familie

3. Fragen zu privaten Ansichten, z.B. Fragen
• zur Religion und Konfession
• zu einer Parteizugehörigkeit
• zur Gewerkschaftszugehörigkeit

4. Generell Fragen zum Privatleben, z.B. Fragen

- zu Vorstrafen, Straftaten oder Gefängnisaufenthalten
- zum Umgang mit Geld
- zu einer möglichen Verschuldung
- zu den Vermögensverhältnissen in der Familie
- zum Privatleben allgemein

Gerade bei exponierteren Stellen reichen Bewerbungsgespräche oftmals nicht aus. Mit einem Assessmentcenter hat man die Möglichkeit mehr zu hinterfragen und zu checken. Nähere Details sind unter der Rubrik Eignungsdiagnostik beschrieben. Alle Assessmentcenter, die ich bislang begleitet habe, brachten im Vergleich zum normalen Bewerbungsgespräch immer zusätzliche Erkenntnisse über die Bewerber. Auch das Feedback seitens der Bewerber war meist positiv.

3. Die Ausbildung

Wenn ich mich daran erinnere, wie es damals bei mir mit der Ausbildung so war, dann ist das mit der heutigen Zeit sicherlich nicht mehr vergleichbar, aber eines war schon immer so und wird immer so sein: Junge Menschen sind mit der schulischen Grundausbildung fertig und drängen auf den Ausbildungsmarkt. Einige davon haben sich schon Gedanken gemacht, welche Ausbildung sie gerne machen würden, andere sind unentschlossen und wieder andere haben keinen blassen Schimmer. Und dann gibt es auch noch die Schülerinnen und Schüler, die sogar die Allgemeine Hochschulreife, also das Abitur erreichen. Die Tendenz ist hier seit Jahren steigend, weshalb es teilweise an den anderen allgemeinbildenden Schulen zu großen Einbrüchen bei den Nachfragen an Schülern kommt. Ich möchte an der Stelle sicherlich nicht die Gründe dafür hinterfragen, weshalb es heute offensichtlich für heranwachsende Jugendliche und junge Erwachsene wichtig erscheint, das Abitur anzustreben. Seit dem Jahr 1980, an dem ich meine Mittlere Reife abgeschlossen habe, hatten wir eine Quote von studienberechtigten Schülern von 22% aller Absolventen, bis zum Jahr 2010 hat sich diese Quote mehr als verdoppelt (49%). Diese statistischen Feststellungen und deren Erklärungsansätze werden von Soziologen und anderen Wissenschaftlern gemacht und untersucht.

Zur Verdeutlichung hier noch ein Auszug aus dem Bericht des Bundesinstituts zur Bevölkerungsforschung (Quelle: Bib-demografie.de 2018):

Erwerbsbeteiligung junger Menschen: Immer mehr junge Menschen streben eine höhere Qualifikation an: Im Jahr 2011 erreichten bereits 43 % der Schulabgänger die allgemeine Hochschul- oder Fachhochschulreife, zehn Jahre zuvor waren es nur 30 %. Während der Anteil der Schüler mit Realschulabschluss weitgehend stabil blieb (rund 36 %), verringerte sich der mit Hauptschulabschluss von 24 % auf rund 17 %. Der zunehmende Anteil von studienberechtigten jungen Menschen hat dazu geführt, dass die durchschnittliche Dauer der Ausbildung gestiegen ist, was wiederum den Eintritt in das Erwerbsleben verzögert. Deutschland besitzt im europäischen Vergleich eine relativ lange Ausbildungszeit. Im Jahr 2011 befand sich rund die Hälfte der 20- bis 24-Jährigen in Ausbildung oder Studium, der EU-Durchschnitt liegt etwas darunter. Die Reduzierung der Gymnasialzeit auf acht Jahre, der Wegfall von Wehr- und Ersatzdienst sowie eine Verschlankung des universitären Studiums sollen dazu beitragen, den Übergang in das Erwerbsleben zu beschleunigen.

Dass diese Quote, oder generell die Art des Schulabschlusses, überhaupt wichtig für die Ausbildung ist, liegt auf der Hand. Die Schulausbildung ist die Eintrittskarte in die Ausbildung oder eben zum Studium. Ein Abiturient möchte wahrscheinlich eher ein Studium aufnehmen, einem anderen Schulabgänger bleibt per se zunächst nur die Ausbildung.

Nun sind die demografischen Voraussetzungen in Deutschland trotz marginaler Steigerungen in den letzten 2-3 Jahren bei den Geburtenraten nicht die besten. Immer weniger arbeitende Menschen müssen die Versorgung im Rentenalter für eine größer werdende Anzahl von älteren Menschen sicherstellen, die zusätzlich immer älter werden. All dies lässt sich gut in den Veröffentlichungen des Statistischen Bundesamts nachlesen. Im Ergebnis hat man nun folgende Situation am Ausbildungsmarkt: Die jungen Menschen sind länger auf der

Schule und nur ein Teil der Abgänger fragt eine Ausbildung am Markt nach. Hinzu kommt die Tatsache, dass bei weniger Geburten ohnehin weniger Schüler da sind. Selbst der attraktivste Arbeitgeber sollte bei dieser Situation hellhörig werden und Maßnahmen ergreifen, um die Schüler rechtzeitig zu erreichen. Als mögliche Maßnahmen kommen insbesondere in Frage:

- Auszubildenden-Marketing
- Arbeitgeber-Marketing
- Stellenanzeigen
- Ausbildungsmessen
- Schulkooperationen
- Praktika
- Azubi-Speed-Dating
- Facebookposts
- Infotage im Unternehmen
- Webseite mit Ausbildungsseite
- Online-Jobbörsen
- Anzeigen bei der Bundesagentur für Arbeit
- Betriebsbesichtigungen
- Informationsflyer
- Jobbörsen der IHK oder HWK
- Sponsoring (z.B. Vereine, Feuerwehr, etc.)

Als kommunaler Energieversorger haben wir historisch einen kleinen Platzvorteil. Wir erreichen oftmals die Jugendlichen, die zwar in einem größeren Unternehmen die Ausbildung machen möchten, jedoch eher regional bleiben möchten. Wir haben in Heidelberg und in der Metropolregion Rhein-Neckar sehr viele Unternehmen mit internationaler Ausrichtung. Ich denke da zunächst an SAP in Walldorf, an Henkel, an ABB, an Heidelberger Druckmaschinen, an HeidelbergCement oder an unseren Konkurrenten in Mannheim, die MVV Energie. Dennoch ist es sehr wichtig alle Register zu ziehen, um rechtzeitig und nachhaltig die potenziellen Bewerber zu erreichen. Viele der oben genannten Maßnahmen setzen wir hierzu natürlich gut dosiert ein. Welche der Möglichkeiten dann probate Mittel zum Zweck werden, erkennen wir meist an den Folgereaktionen nach unseren Aktionen. Beispielsweise sind wir auf Ausbildungsmessen in und um Heidelberg unterwegs. Beispielsweise besucht unsere Ausbildungsleiterin diese Messen immer in Begleitung mehrerer Auszubildenden unsere Ausbildungsberufe und der Duales Hocschulstudium (DH) Studiengänge. Dort erzielen wir die besten Erfolge beim Ausbildungs-Recruting. In der Folge solcher Messen gibt es sehr viele Kontaktaufnahmen zu uns, die dann zu guten weiteren Möglichkeiten führen.

Nun sollten wir noch einen Blick auf die Möglichkeiten zur Ausbildungsdurchführung werfen. In Deutschland ist die duale Ausbildung immer noch der Favorit, also die Ausbildung, die an zwei (dualen) Stellen stattfindet, nämlich im Ausbildungsbetrieb und in der Berufsschule. Grundlage ist ein Ausbildungsvertrag und es gilt das Berufsbildungsgesetz als Grundlage aller Ausbildungen. Selbstverständlich haben die Tarifvertragspartner eigene Berufsausbildungsverträge, die die Besonderheiten der Branche oder des Unternehmens abbilden.

Nach wie vor genießt die duale Ausbildung in Deutschland ein hohes Ansehen. Sie ist für kleinere und mittelständische Unternehmen der Motor der Nachfolgelösungen. Das gilt für einen kleinen Handwerksbetrieb ebenso wie für einen Zulieferungsbetrieb für die Automobilbranche. Für die Ausbildung zu einem Handwerksberuf oder auch für eine Ausbildung im Einzelhandel oder als Industrie- oder Bürokaufmann genügt zunächst als Einstiegsqualifikation die Mittlere Reife, manchmal auch ein guter Hauptschulabschluss. Durch die Mitgliedschaft unseres Unternehmens in der Industrie- und Handelskammer für die kaufmännischen Ausbildungen und bei der Handwerkskammer und Innung für die handwerklichen Berufe, haben wir häufig Kontakt mit anderen Mitgliedern der Kammern. Daher kenne ich auch einige Aussagen von beispielsweise selbstständigen Handwerksmeistern zu dem Thema welchen Schulabschluss man für die Ausbildung favorisieren sollte. Grundsätzlich tendieren kleinere Betrieb dazu, die Schulausbildung nicht zu stark zu bewerten; dort setzt man eher auf den persönlichen Kontakt und eventuell auf ein Praktikum im Betrieb. Je größer der Betrieb, desto mehr gönnt man sich den Filter über die Schulabschlüsse und die Noten zu legen. In diesem Bereich wird sich meiner Einschätzung nach in naher Zukunft einiges verändern. Sicherlich werden gute Abschlussnoten nach wie vor ein gutes Indiz für gute Möglichkeiten bleiben, jedoch werden auch größere Betriebe nicht mehr die Masse an Bewerbern haben, so dass auch bezüglich der Abschlüsse andere Parameter immer wichtiger werden. Ich bin sehr gespannt, welche Richtung das nimmt.

Auch in unserem Unternehmen ist die duale Ausbildung ein sehr wichtiger Bestandteil der Nachfolgeplanung. Wir haben uns dabei auf die Bereiche der Elektrotechnik und der kaufmännischen Ausbildung konzentriert. Als Energieversorgungsunternehmen muss das Know-How in der Elektrotechnik immer gegenwärtig sein. Im Bereich der Stromversorgung haben wir Aufgaben im erdverlegten Leitungsbau, in Trafostationen, in Freileitungen, bei der Stadtbeleuchtung, bei der Lichtwellenleiter (LWL)Technik, bei der Telekommunikation und sogar bei der Haustechnik und Steuerung. Auch unseren kaufmännischen Nachwuchs bilden wir selbst aus. Bereiche aus der Gas-Wasser-Technik, der Mechatronik und im Anlagenbau akquirieren wir derzeit jedoch am Markt, da für die eigene Ausbildung die Ressourcen schwer zu steuern sind und das Angebot am Markt derzeit ganz gut ist.

Neben der dualen Ausbildung sind wir auch Partner der Dualen Hochschule Baden-Württemberg. Die frühere „Berufsakademie" und heutige Duale Hochschule bildet Abiturienten in ebenfalls dualer Art und Weise zu Jungakademikern aus. In 3 Jahren (6 Semestern) wechseln sich Theorie- und Praxisphasen ab. Der Student erhält außerdem ein Ausbildungsentgelt und ist in der Regel auch in allen Zweigen der Sozialversicherung angemeldet und zahlt so bereits für seine Rente ein. Diese Art des praxisnahen Studiums gibt es bereits seit Mitte der 70er-Jahre und erfreut sich nach wie vor großer Beliebtheit. Natürlich ist auch dieses Studiensystem vom Bologna-Prozess nicht verschont geblieben. So wurde auch hier der Diplom-studiengang in einen Bachelorstudiengang umgewandelt.

Als Partnerunternehmen der Dualen Hochschule bilden wir seit dem Start in Baden-Württemberg auch bei uns nach diesem System akademisch aus. Begonnen haben wir zunächst bei den betriebswirtschaftlichen Studiengängen und seit vielen Jahren sind wir nun sogar überwiegend bei den technischen Studiengängen und der Informatik unterwegs. Bei der Technik bieten wir Studienverträge im Bereich Elektrotechnik, Mechatronik und Maschinenbau an und im Bereich der IT den Studiengang Wirtschaftsinformatik. Der große Vorteil dieser Studiengänge ist es, dass die Studenten in den Praxisphasen schon rechtzeitig auf spätere Aufgaben vorbereitet werden. Sie lernen die Infrastruktur der Energiesparten kennen, haben schon weite Einblicke in die Prozesse und Abläufe und können trotzdem ihre studienbedingten Hausarbeiten erledigen. Aber auch diese Studenten teilen sich seit Einführung der Bachelorabschlüsse einen Nachteil mit allen anderen Jungakademikern: Die Studienzeit ist kurz, umfangreich und leider stark schulisch geprägt. Zur akademischen Forschung bleibt eigentlich keine Zeit.

Ich habe zwei Söhne, die beide studiert haben. Der ältere von beiden hat universitär seinen Bachelor in Politikwissenschaft an der Universität Heidelberg gemacht, der jüngere hat in einem Dualen Studium an der Hochschule in Mannheim seinen Bachelor in Wirtschaftsinformatik abgelegt. Beide haben mir immer berichtet, das Studium sei eigentlich kaum etwas anders als die Schulausbildung der Oberstufe am Gymnasium. Beide hatten für sehr viele ihrer Klausuren einen tollen Ausdruck, nämlich das „Bulimie-Lernen". Man frisst das Wissen ohne Verstand in sich rein und kotzt es am Klausurtag aus, dann ist es auch meist weg! Schade!

Als Unternehmen haben wir mit den Dualen Studiengänge trotzdem gute Erfahrungen gemacht. Gerade die bereits genannten Vorzüge leben wir in der Praxis gut aus. Unsere Studenten lernen die Strukturen zeitig kennen, wissen um die Besonderheiten und können oft schon in Projektarbeiten beweisen, was sie draufhaben. Bei vernünftiger Leistung und einem brauchbaren Abschluss an der Hochschule haben die Absolventen meist sogar eine Jobgarantie. Als Nach-folgemodell ist das Duale Studium heute unverzichtbar geworden.

Nun sollten wir noch einen Blick auf die Möglichkeiten zum Auswahlverfahren werfen. In der Praxis gibt es hier natürlich mehrere Dinge:

Eignungs- oder Einstellungs-Test

In der Regel werden Intelligenztest, allgemeiner Kenntnistest und Konzentrations-test/Belastbarkeitstest unterschieden. Besonders für kaufmännische, handwerkliche und technische Berufe wenden manche Unternehmen zusätzlich einen speziellen Fähigkeitstest an, der auf den jeweiligen Berufsbereich zugeschnitten ist. Selbstverständlich sind all diese Tests dazu geeignet, sich ein besseres Bild über Kenntnisse und Fähigkeiten der Bewerber machen zu können.

Psychologietest

Hier bieten sich z.B. das Teammanagementsystem (TMS) oder Insides Discovery (vgl. Kapitel Diagnostik) an. Diese Tests werden bei Auszubildenden eher weniger durchgeführt, da das Unternehmen hierfür meist externe Unterstützung benötigt und die Kosten dafür eher gespart werden.

Assesmentcenter (AC)

Auch dieses Thema habe ich im Kapitel Diagnostik näher beschrieben.

Vorstellungsgespräch

Für mich als Personaler zählt immer noch das gesprochen Wort und die Beobachtung der Menschen zu den wichtigsten Entscheidungsmerkmalen beim Einstellungsverfahren. Sitzen die Bewerber dann mal auf dem „Bewerberbänkchen" beginnt das eigentlich wichtige Auswahlverfahren. Neben den Fragen zur Person und der Motivation werden natürlich auch Fragen gestellt, um zu checken, ob sich der junge Bewerber auch über das Unternehmen informiert hat, z.B. Fragen nach

- Firmenname + Rechtsform (GmbH, AG usw.)
- Anzahl der Mitarbeiter
- Branche
- Kerngeschäft der Firma (bei uns die Energieversorgung)
- Unternehmensgeschichte
- Aktuelles (z.B. erneuerbare Energiekonzeption)

Insgesamt kann ich für unser Unternehmen bezüglich der Ausbildung und des Dualen Studiums sagen, dass wir gut aufgestellt sind. Unsere Ausbilder sind gut qualifiziert und machen ihren Job sehr gut. Der Erfolg gibt uns schon seit Jahren recht. Wir konnten in den letzten zehn Jahren fast alle Auszubildenden und Studienabsolventen übernehmen. Immer wieder haben wir in unserem Unternehmen auch Kammersieger bei den Prüfungsgängen der Handwerkskammern oder einen Absolventen mit Prädikatsabschluss.

Die Ausbildung und das Duale Studium werden die nächsten Jahre noch mehr ins Visier der strategischen Personalplanung genommen. Es muss uns gelingen, jungen Menschen Lust auf die Ausbildung bei uns zu machen. Im eigenen Unternehmen ausgebildete Menschen, die auch nach der Ausbildung bleiben, sind ein Garant für den Erhalt des notwendigen Know-Hows. Zukäufe am Markt sind immer unsicher und bedingen in der Regel einen höheren Aufwand.

4. Die Personalentwicklung (persönlich)

Im Alltag eines Unternehmens ist es völlig normal, dass man vor der Situation steht, dass ein Mitarbeiter den eigentlich notwendigen Umfang seiner Aufgaben nicht erfüllt, da ihm notwendige Kompetenzen fehlen. Dies kann zu Beginn eines Arbeitsverhältnisses der Fall sein, aber ebenso auch durch sich verändernde Rahmenbedingungen bei schon sehr lange bestehenden Arbeitsverhältnissen.

Derartige Lücken zwischen Soll und Ist zu schließen, also die Abweichung zwischen Anforderung und Leistungsmöglichkeit des Mitarbeiters, ist Aufgabe der Personalentwicklung (PE), bezogen auf den Einzelfall.

Im folgenden Schaubild sind die bekanntesten Qualifizierungsmaßnahmen dargestellt:

Abb. 6: Übersicht der bekanntesten Möglichkeiten zur Qualifikation

Eine Qualifizierungsmaßnahme ist nur dann erfolgreich, wenn sie im Kontext mit dem gesamten Personalentwicklungsprozess gesehen wird (Quelle: Gabler
Wirtschaftslexikon 2018).:

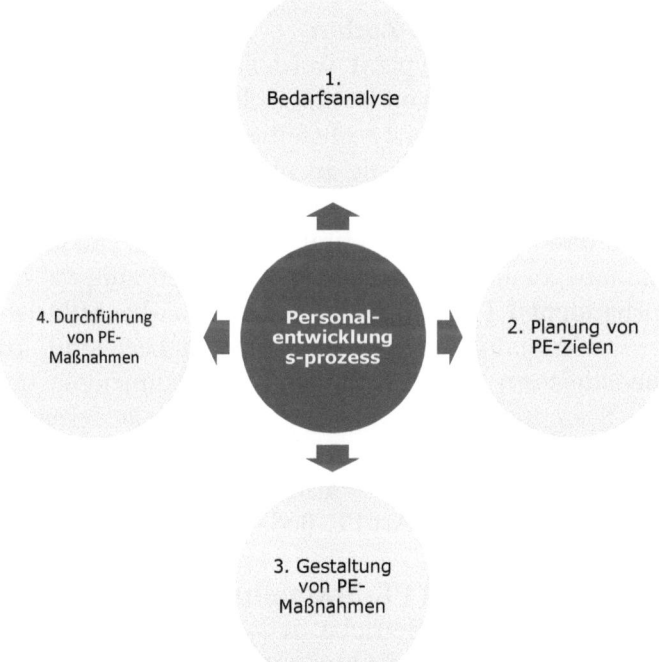

Abb. 7:Übersicht zum Prozess der Personalentwicklung

Der hier dargestellte Personalentwicklungsprozess wird
im Folgenden näher beschrieben:

1. PE-Bedarfsanalyse

Personalentwicklung sollte in der besten Ausprägung
immer zielgerichtet sein. Die Zielvorgabe kommt dabei
aus dem unternehmerischen Bedarf. Gerade ganz aktuell hält die Digitalisierung extrem Einzug in vielen Be-

reichen unserer Unternehmung. Dass sich das Unternehmen hier nicht abschotten kann, ist klar. Und damit steht auch fest, dass Mitarbeiter sich für die Digitalisierung fit machen müssen.

2. Planung von PE-Zielen

PE-Ziele müssen geplant werden. Auf einen fahrenden Zug aufzuspringen ist eher schwierig. Besser ist es also immer, den Bedarf rechtzeitig zu erkennen und die Ziele für die Entwicklung zu planen. Am Beispiel der Digitalisierung haben wir uns rechtzeitig darauf eingestellt, dass wir mehrere Mitarbeiter für das Dokumentenmanagementsystem (DMS) fit machen müssen. Zur vorhandenen IT-Kompetenz haben wir die Mitarbeiter weiterqualifiziert, so dass sie in der Lage sind, mit Dienstleistern auf Augenhöhe zu kommunizieren und die Systeme eigenverantwortlich administrieren zu können.

Derartige Bedarfe müssen strukturiert und kumuliert werden, so dass eine Art PE-Bedarfsradar entsteht.

3. Gestaltung von PE-Maßnahmen

Es gibt immer noch Betriebe, in denen man glaubt, dass Personalentwicklung die bloße Weiterbildung darstellt, also Seminare, Workshops und Trainings. Die moderne PE geht da sehr viel weiter. Neben den „Hard Skills", also den fachlichen Fähigkeiten, werden im Arbeitsleben mehr und mehr die „Soft Skills", wie z.B. die Teamfähigkeit, die Motivationsfähigkeit oder die Empathiefähigkeit, wichtig. Die Entwicklung dieser Fähigkeiten ist daher auch für eine moderne PE sehr wichtig. Viele Personalverantwortliche orientieren sich beim Check der Persönlichkeitsprofile an dem „Big 5 Modell", das im Geschäftsverkehr sehr anerkannt ist. Am Ende dieses Kapitels beschreibe ich die Details zu diesem Modell.

In unserem Haus haben wir aus den Erfahrungen der letzten fünf Jahre einen sehr breit aufgestellten Trainingskatalog. Dieser ist im Intranet immer aktuell veröffentlicht und einsehbar, so dass sich jeder Mitarbeiter darüber informieren kann, was es gibt und wozu es nutzt.

Zwischenzeitlich haben wir auch eine sehr große Anzahl an weiterbildenden Qualifikationsmaßnahmen, wie etwa ein nebenberufliches Studium (B.C. oder sogar M.A.) oder eine nebenberufliche Meister- oder Technikerschule. Derartige Maßnahmen bedürfen natürlich einer ganz besonderen Beachtung und eines besonderen Bedarfs. Passt der Weiterbildungswille des Mitarbeiters deckungsgleich zu unserem betrieblichen Bedarf, kann sogar eine bis zu 100%ige Förderung durch das Unternehmen sattfinden, denn es gibt hierzu eine Betriebsvereinbarung. Damit uns diese Analyse gut gelingt, wird im Vorfeld der Weiterbildung ein Interview mit dem Mitarbeiter und seinem Chef geführt. Dabei werden die Umstände näher beleuchtet und die Möglichkeiten des Mitarbeiters gecheckt. Schließlich muss der Mitarbeiter auch persönlich in der Lage sein, eine umfangreiche Weiterbildung durchzuführen.

Aber auch hier haben wir als Unternehmen Lehrgeld bezahlt. Nicht in jedem Fall ist die Weiterbildung gelungen und wurde teilweise sogar frühzeitig abgebrochen, meist verbunden mit enormen Kosten.

4. Durchführung von PE-Maßnahmen

PE-Maßnahmen werden in der Regel so durchgeführt, dass am Ende der Maßnahme eine zielgerichtete Kompetenz aufgebaut oder erweitert ist. Jede Maßnahme

wird immer durch die zuständige Führungskraft genehmigt.

PE-Maßnahmen sollten zentral gesteuert und beauftragt werden. Nicht zuletzt um Einkaufsvorteile zu
erzielen, ist es wichtig, dass alle Maßnahmen bekannt
sind. Wäre die Durchführung dezentral, könnten sehr
viele Kompetenzen nicht strukturiert festgehalten und
gesteuert werden.

5. Kontrolle des PE-Erfolges

PE-Maßnahmen kosten sehr viel Geld. Die Bandbreite
von einem günstigen Seminar bis hin zu einer umfangreichen Zusatzausbildung ist enorm groß. Es gibt also
Fälle, da kostet ein kleines Tagesseminar 200 EUR plus
Reisekosten, aber es gibt auch Fälle, da kostet das Mas-
terstudium in Elektrotechnik nebenberuflich 25.000
EUR und mehr. Hinzu kommen dann immer noch die
sogenannten Opportunitätskosten, also die Kosten für
die entgangenen Arbeitsleistungen des Arbeitnehmers.
Und je nach Freistellungstagen und Gehaltsstufe sind
diese nochmals sehr hoch. Daher muss der Erfolg kon-
trolliert werden.

In den „kleinen Fällen" genügt uns ein Feedbackbo-
gen, während wir in den „großen Fällen" Vorher-Nach-
her-Gespräche führen. Im Förderfall muss gemäß der
Betriebsvereinbarung sogar eine Bleibevereinbarung
unterschrieben werden, also ein Vertrag zur Bindung
an uns als Arbeitgeber für eine bestimmte Zeit. Das Arbeitsrecht hat dazu nach einer Grundformel eine gute
Bemessung erstellt, nach der sich der Arbeitgeber richten sollte. Überzieht der Arbeitgeber seine Bindefrist,
besteht die Gefahr, dass die gesamte Vereinbarung
rechtlich hinfällig ist.

Dauer der Weiterbildung	Dauer der Betriebsbindung
< 1 Monat	< 6 Monate
< 2 Monate	< 1 Jahr
< 3-4 Monate	< 2 Jahre
< 6 Monate	< 3 Jahre
< 2 Jahre	< 5 Jahre

Zur bezahlten Arbeitsbefreiung werden zusätzlich alle Kosten addiert – Geld wird in Zeit umgerechnet. Wenn eine Weiterbildung beispielsweise 10.000 EUR kostet und ein Monat Freistellung gewährt wurde, sieht die Rechnung wie folgt aus:

Direkte Freistellung:	1 Monat
+ Umrechnung Geld in Zeit:	
10.000 EUR / Monatsgehalt 2500 EUR =	4 Monate
Zusammen sind das	5 Monate

Die Bindung wäre über zweieinhalb Jahre zu vereinbaren.

Abb. 8: Die Big 5

Der Begriff BIG 5 stammt aus der Persönlichkeitspsychologie, der bereits in den 1930er Jahren seinen Forschungsansatz hatte.

Erklärungen zum Schaubild:

1. Diese Eigenschaft gibt an, wie sich ein Mensch in emotionalen Situationen verhält, also ob er im seelischen Gleichgewicht ist. Je eher ein Mensch folgende Zustände erlebt, desto höher ist sein Bedürfnis nach Stabilität: Erschüttert, betroffen, beschämt, unsicher, verlegen, nervös, ängstlich, traurig.

2. Diese Eigenschaft gibt an, wie sich ein Mensch im Umgang mit anderen Menschen gibt und zwar von gesellig bis unangenehm. Je extravertierter ein Mensch ist, desto mehr treffen folgende Beschreibungen auf ihn zu: Selbstsicher, aktiv, gesprächig, energisch, heiter, optimistisch.

3. Diese Eigenschaft beschreibt die Werte des Menschen zum offenen Umgang mit allen möglichen (Lebens-) Situationen. Offene Menschen werden dann häufig mit folgenden Untereigenschaften beschrieben: Wissbegierig, neugierig, intellektuell, fantasievoll, experimentierfreudig, künstlerisch interessiert.

4. Die Anpassungsbereitschaft (auch Verträglichkeit) ist eine Summe aus den Untereigenschaften verständnisvoll, wohlwollend, kompromissbereit und mitfühlend, bis hin zu latentem Altruismus (Selbstlosigkeit).

5. Für gewissenhafte Menschen gibt es ebenfalls mehrere Merkmale, nämlich: Organisiert, sorgfältig, planend, effektiv, verantwortlich, zuverlässig, überlegt.

5. Die betriebliche Entwicklung (Unternehmenskultur)

Überall dort, wo mehrere Menschen ein gemeinsames Ziel verfolgen, bedarf es Grundregeln für den Umgang miteinander. Neben den organisatorischen Aufstellungen, die ich beim Thema Aufbau- und Ablauforganisation beschrieben habe, benötigen die Menschen im Unternehmen eine Art „roten Faden" zum Umgang miteinander. Einige Unternehmen stellen hierfür sogenannte Unternehmensleitlinien auf, in denen manifestiert steht, was dem Unternehmen wichtig ist. Oftmals sind diese Leitbilder von der Unternehmensleitung aufgestellt, also kommen von oben - top down. Diese wird in eine tolle grafische Darstellung gepackt und hundertfach mit Hochauflösung gedruckt und an alle verteilt. Was man damit wirklich schafft, hat man bei Beginn der VW-Diesel-Affäre gesehen. Ein Weltkonzern, der kulturelle Leitbilder erstellt hat, betrügt die ganze Welt.

Wie war das möglich? Die Antwort findet sich bei genauerem Hinsehen bei der kulturellen Struktur eines Unternehmens. Sagt ein Leitbild z.B. „Wir sind die Guten", hat das zunächst gar nichts zu sagen. Unternehmenskultur kann nicht per Dekret oder mit einem Rezept verordnet werden. Unternehmenskultur ist nach der gängigen Definition nämlich der Zusammenklang von Überzeugungen, Werten, Moral, Verfahren und dem Klima in einer Organisation. Und damit ist Kultur eine Beschreibung des Zusammenspiels der genannten Punkte. Außerdem ist dann auch klar, dass Kultur nie stillstehen kann, denn in einer sich verändernden Organisation ändern sich auch Werte, Moral, etc.

Wir haben uns im Unternehmen seit Beginn des organisatorischen Umbaus auf den Weg gemacht, die Kultur stückchenweise zu verändern, ohne dabei zunächst einen genauen Blick auf das Vorhandene zu werfen. So haben wir beispielsweise Führungskräfte auf ihre Aufgabe besser vorbereitet, die Geschäftsführung hat begonnen, einen direkten Dialog mit den Mitarbeitern einzuführen, es wurden Mitarbeitergespräche installiert und Zukunftstage ausgerichtet. Dies sind nur einige der neu eingeführten Instrumente, die alle dazu geeignet sind, das Miteinander besser zu gestalten. Und genau darum geht es bei der Frage nach einer gesunden Unternehmenskultur.

Im Laufe der letzten Jahre haben wir allerdings festgestellt, dass einige Prozesse doch noch nicht so richtig rund laufen und außerdem noch nicht alle Mitarbeiter sich mitgenommen fühlen. Was haben wir also übersehen?

Wir haben Strukturen geändert, Arbeitsprozesse neu aufgesetzt, Mitarbeiter neu qualifiziert und viele Mitarbeiter mit neuen oder verändernden Aufgaben beauftragt. Wir haben jedoch die Auswirkungen auf die Unternehmenskultur zu wenig hinterfragt. Dieser Aufgabe haben wir uns vor knapp einem Jahr dann explizit angenommen. Zunächst wollte die Unternehmensführung, dass im Haus ein wertschätzender Umgang Einzug hält. Man sollte miteinander und nicht übereinander reden. Wir haben dazu mehrere Möglichkeiten getestet, uns letztlich jedoch für folgende Methode entschieden, mit der wir versuchen, die Kultur im Änderungsmodus zu verstehen und ihr adäquat zu begegnen.

Das Projekt haben wir in 5 Phasen eingeteilt: Die grundsätzliche Struktur des Projektes entspricht einem typischen Change-Szenario. Das ist kein Zufall, sondern Absicht. Denn will man Kultur verändern, muss man immer bereit zu Veränderungen sein. Trotzdem muss man wissen, dass es eher eine Initiative als ein Projekt ist, denn anders als ein Projekt hat man hier in der Regel kein Anfang und kein Ende und ebenso kein klar definiertes Ziel.

In Phase 1 geht es um die Legitimation des Kulturwandels. Das ist nicht nur der Start, sondern der entscheidende Moment, in dem sich der Auftraggeber klar dazu entscheidet, den Weg zu gehen. Der Auftraggeber muss hierarchisch immer die höchstmögliche Instanz sein. Nehmen wir mal an, ich als Personalleiter stehe voll und ganz hinter der Idee des Kulturwandels, kann aber meinen Chef, den Hauptgeschäftsführer des Unternehmens, nicht davon überzeugen. Was glauben Sie, wie lange dieses Projekt Beachtung finden würde? Das beantwortet sich von alleine.

Und genau dieses klare Bekenntnis muss vorliegen. Die oberste Instanz des Unternehmens ist Initiator, Auftraggeber und auch diejenige, die dies klar legitimiert.

In Phase 2 versuchen wir die Dinge wahrzunehmen, die im Unternehmen passieren. Dazu haben wir im Haus 15 Mitarbeiter gefunden, die bereit sind, in strukturierten Workshops alles unter die Lupe nehmen: Strukturen, Aufgaben, Kommunikations-wege, Verhalten, usw. Natürlich wurde Gutes, weniger Gutes und vermeintlich Schlechtes gefunden und notiert, dann diskutiert und schließlich gemeinsame Nenner erkannt. Mit diesen Erkenntnissen wurde dann nach und nach versucht, weitere Mitarbeiter als Multiplikatoren zu gewinnen, in dem man etwa Führungskräfte informiert oder weitere Personen einbezieht, die interessiert sind am Wandel. Bereits in dieser Diagnosephase werden die ersten Prototypen entwickelt, die zur Kulturveränderung beitragen können. Das geschieht quasi als Nebenprodukt in den Diskussionen.

Beispiel: In den Diskussionen wurde festgestellt, dass im Unternehmen sehr viele Besprechungen und Workshops stattfinden, die teilweise nur suboptimal organisiert sind. Es sind die falschen Mitarbeiter eingeladen, die Redezeiten sind zu lang und die Ergebnisse werden nicht strukturiert nachgehalten.

Als Verbesserung wurde aus der Gruppe angeregt, sich künftig streng an die vorhandenen Besprechungsrichtlinien zu halten und als Ausstattung im Besprechungsraum auch mal Stehtische zu nutzen.

So sieht z.B. ein simpler Prototyp aus, der dann im Live-Test eingesetzt und ausprobiert werden muss.

Ein weiterer möglicher Prototyps sind die „Danke-Kärtchen". Aus dem Team kam die Anregung, man könne kleine Kärtchen drucken, die in unterschiedlichen Arbeitssituationen an Kolleginnen oder Kollegen ausgegeben werden: Ein „Danke" für die schnelle Hilfe, ein „Danke" für die tolle Arbeit oder ein „Danke" für das Zuhören bei einem Problem. Im Live-Test ist das gut angekommen.

Und genau darum geht es in Phase 3, nämlich der Integration dieser Prototypen. Man könnte auch Modelle oder Rezepte sagen, denn ob der Prototyp ankommt, hängt davon ab, ob er der Kulturumgebung „schmeckt". Am obigen Beispiel könnte der Test bei der Besprechung gut ankommen. Alle Teilnehmer fühlen sich mitgenommen, die Dauer reduziert sich und jeder kann mit dem Ergebnis etwas anfangen.

In Phase 4 begleitet man alle Umsetzungen von Prototypen bis zur Dauerinstallation und in Phase 5 bestärkt am die Umgebung darin, dass der Wandel gut ist.

Instrumentell bedient man sich während der gesamten Phasen aller bekannten Unterstützungspraktiken:

1. Projektmanagement: Natürlich benötigt auch das Kulturprojekt eine gute Projektstruktur, also einen Auftraggeber, einen Lenkungsausschuss, einen Projektleiter, etc..

2. Change-Kommunikation: Für den Wandel müssen alle bekannten Kanäle genutzt werden.

3. Lern- und Anpassungsprozess: Selbstverständlich wird es Prototypen geben, die in vielen Bereichen getestet werden müssen, z.B. in Systemen, in Arbeitsprozessen, aber auch in Strukturen.

4. Kraftfelder-Management: Es wird definitiv Widerstände geben. Menschen sind in der Regel eher weniger veränderungswillig. Diese Widerstände müssen wahrgenommen werden und so gut es geht ausgeräumt werden. Nicht jeder Mitarbeiter muss mitgenommen werden, es genügt, die meisten zu erreichen.

6. Die Personaleinsatzplanung (das Direktionsrecht)

Die Basis für eine funktionierende Gesellschaft ist u.a. ein gutes Rechtssystem, das die grundsätzlichen Regeln für das Miteinander aufstellt. So ist es auch im deutschen Arbeitsrecht. Die einschlägige Rechtsnorm für das Direktionsrecht (auch Weisungsrecht genannt) befindet sich mit einem relativ schlichten „Zweizeiler" in der Gewerbeordnung (GewO) in § 106, der da lautet: Der Arbeitgeber kann Inhalt, Ort und Zeit der Arbeitsleistung nach billigem Ermessen näher bestimmen, soweit diese Arbeitsbedingungen nicht durch den Arbeitsvertrag, Bestimmungen einer Betriebsvereinbarung, eines anwendbaren Tarifvertrages oder gesetzliche Vorschriften festgelegt sind. Dies gilt auch hinsichtlich der Ordnung und des Verhaltens der Arbeitnehmer im Betrieb. Bei der Ausübung des Ermessens hat der Arbeitgeber auch auf Behinderungen des Arbeitnehmers Rücksicht zu nehmen.

Damit steht grundsätzlich zunächst fest: Der Arbeitgeber bestimmt Inhalt, Ort und Zeit der geschuldeten Arbeitsleistung. Der Arbeitnehmer muss diese Anweisung akzeptieren. Einzige im Gesetz erkennbare Einschränkung ist der Hinweis auf den Arbeits- oder Tarifvertrag und auf den eingeschränkten Ermessensspielraum.

Doch gleich vorab: Im deutschen Arbeitsrecht sind hinsichtlich der Möglichkeiten zur Ausübung des Direktionsrechts des Arbeitgebers sehr viele Variationen möglich. Das Arbeitsrecht ist hinsichtlich der Praxis ein sogenanntes Richterrecht, d.h. aus zahlreichen Urteilen von Obergerichten (Landesarbeitsgerichte und Bundesarbeitsgericht, sogar bis hin zum Europäischen Gerichtshof) wirken die jeweiligen Rechtsnormen unterschiedlich in ihren Auslegungen. Der typische Satz eines Juristen ist: „Es kommt darauf an!" Und tatsächlich trifft dies im deutschen Arbeitsrecht zu.

In der täglichen Arbeitspraxis stellt sich unterschwellig oftmals die Frage: Was darf ich als Chef von meinem Mitarbeiter verlangen? Letztlich geht es genau um die Antwort auf diese Frage, wenn wir uns das Direktionsrecht anschauen. Wo sind die Grenzen und welche vermeintlichen Möglichkeiten hat der Arbeitnehmer?

Anhand von mehreren Praxisbeispielen und anhand der arbeitsvertraglichen und tarifvertraglichen Sicht in unserem Unternehmen, werde ich darstellen, wie es sich mit dem Direktionsrecht des Arbeitgebers verhält. Insbesondere im Hinblick auf die Personaleinsatzplanung ist die Kenntnis der Möglichkeiten unabdingbare Voraus-setzung für den Erfolg.

In unserem Unternehmen haben wir bezüglich des Direktionsrechts folgende Gestaltung:

§ 106 GewO	Grundnorm
§ 3 Abs. 1 TV-V*	Tarifnorm
Arbeits-vertrag	Individualnorm
Betriebs-vereinbarung	Kollektivrecht BetrVG
Arbeitsan-weisung	Kollektivanweisung
Arbeitsauftrag	Individualanweisung

* Tarifvertrag für Versorgungsbetriebe:
§ 3 Abs. 1:
Allgemeine Pflichten
Der Arbeitnehmer hat die ihm übertragenen Aufgaben gewissenhaft und ordnungsgemäß auszuführen. Er ist verpflichtet, den Anordnungen des A beitgebers nachzukommen.

Abb. 9: Grafische Darstellung des Direktionsrechts im Unternehmen (Fallbeispiel)

Der Tarifvertrag TV-V*) gibt in § 3 Abs. 1 lediglich einen allgemein verbindlichen Hinweis. Wir konkretisieren im Standardarbeitsvertrag (Erstvertrag bei der Einstellung) die Pflicht zur geschuldeten Arbeitsleistung ebenfalls nicht weiter, sondern beziehen zunächst den TV-V als Grundnorm ein (sog. Einbeziehungsvertrag) und vereinbaren weiterhin alle im Unternehmen gültigen Betriebsvereinbarungen als ebenfalls maßgeblich. Dieser Hinweis im ersten Arbeitsvertrag wäre eigentlich überflüssig, da das Betriebsverfassungsgesetz (BetrVG) dies ohnehin so vorsieht. Dennoch halten wir es an der Stelle für richtig und wichtig, dies gleich für alle erkennbar festzulegen.

Weiterhin gruppieren wir den Arbeitnehmer in seine für ihn gültige Entgeltgruppe ein, benennen also im Arbeitsvertrag die Entgeltgruppe und die Stufe des Tarifgefüges. Diese Deklarierung ist der wichtigste Bestandteil im Sinn des Direktionsrechts, denn die Entgeltgruppe definiert immer den Rahmen der möglichen Arbeitsgestaltungen. Anders ausgedrückt: Hier findet im Erstvertrag die Weichenstellung für die künftige Ausübung des Direktionsrechts statt. In einem Begleitschreiben zum Arbeitsvertrag erhält der Arbeitnehmer die im Bewerbungsverfahren abgesprochenen Hinweise zum künftigen Einsatz im Unternehmen.

Anhand eines Beispiels möchte ich die Zusammenhänge zu Beginn des Arbeitsverhältnisses und dessen mögliche Entwicklung beschreiben: Wir stellen einen Arbeitnehmer als Ingenieur im Bereich der Grundsatzplanung im Asset-Management ein. Die passende Entgeltgruppe ist die EG 11. Im Arbeitsvertrag wird lediglich vereinbart, dass er als Arbeitnehmer eingestellt wird und dass der TV-V als Tarifvertrag gilt. Außerdem wird die EG 11 und, aufgrund berufsbezogener Vorkenntnisse, die

Stufe 4 vereinbart. Der TV-V sieht für derartige Fälle als möglichen Anwendungsfall (Kann-Regelung) eine Stufenvorweggewährung vor, wenn Bewerber bereits anerkannte Berufserfahrung haben. Jede Entgeltgruppe ist in 6 Stufen aufgebaut, die sich nach einer bestimmten Tariflogik in einem bestimmten Zeitrhythmus automatisch entwickeln.

Der neue Mitarbeiter wird Aufgaben im Bereich der Grundsatzplanung in der Abteilung Asset-Management erfüllen müssen. Bereits die Stellenausschreibung und die Bewerbungsgespräche waren Bestandteil der Aufgabenstellungen, die ihn erwarten. Dieses Vorgespräch war quasi das Angebot für die künftig geschuldete Arbeitsleistung. Eine organisatorische Eingliederung und eine Stellenbeschreibung ergänzt den Rahmen für die Aufgabenerledigung des Arbeitnehmers.

Zur Stellenbeschreibung muss angemerkt werden, dass diese eine rein organi-satorische Darstellung der Aufgaben ist. Sie ist nicht offizieller Bestandteil des Arbeitsvertrages. Dadurch haben wir als Arbeitgeber bewusst die Aufgaben flexibel offen gestaltet. Hätten wir nämlich im Arbeitsvertrag die Stellenbeschreibung explizit aufgenommen, wären die dortigen Inhalte als zunächst feste Inhalte vereinbart. Künftige Änderungen müssten in der Regel immer mit dem Arbeitnehmer abgestimmt werden.

Kommen wir zu unserem Beispiel des Ingenieures zurück: Wir nehmen an, er entwickelt sich sehr gut, erfüllt seine Aufgaben in sehr guter Art und Weise und interessiert sich dann für eine andere Arbeitsstelle im Unternehmen, die besser bewertet ist. Er bewirbt sich nach einem im Unternehmen üblichen Prozess, es finden entsprechende Bewerbungsgespräche statt und er wird als bester Bewerber für die Stelle ausgesucht.

Nachdem der anstehende Arbeitsplatzwechsel intern geklärt ist, also klar ist, wie der zeitliche Ablauf zu gestalten ist, erfolgt die erste Arbeitsvertragsänderung: Die Versetzung von Stelle A zu Stelle B wird zeitlich festgehalten und in einem schriftlichen Angebot fixiert. Dieses nimmt der Arbeitnehmer natürlich an. Zur praktischen Umsetzung des Angebots durch den Arbeitgeber und der Annahme durch den Arbeitnehmer bedarf es hier nicht unbedingt einer Unterschrift durch den Arbeitnehmer. Vielmehr kann das Angebot auch durch konkludentes (also schlüssiges) Handeln angenommen werden. Natürlich findet man in der betrieblichen Praxis auch umfangreich formulierte Vertragsänderungen mit den Unterschriften beider Vertragsparteien. Letztlich ist beides möglich und ebenso rechtssicher.

Die Willenserklärungen zur dauerhaften Anpassung des Arbeitsvertrages und der damit zusammenhängenden Änderung der geschuldeten Arbeitsleistung ist somit besiegelt und kann in der Praxis umgesetzt werden. Würde nun noch nach einer guten Einarbeitungszeit auf der neuen Stelle eine tarifliche Höhergruppierung anstehen, wäre das Vorgehen ähnlich.

Damit lässt sich der Vorgang der Grundausrichtung für geschuldete Arbeitsleistung recht gut beschreiben:

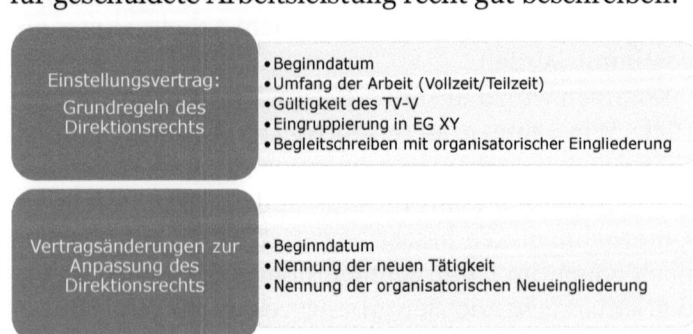

Einstellungsvertrag: Grundregeln des Direktionsrechts
- Beginndatum
- Umfang der Arbeit (Vollzeit/Teilzeit)
- Gültigkeit des TV-V
- Eingruppierung in EG XY
- Begleitschreiben mit organisatorischer Eingliederung

Vertragsänderungen zur Anpassung des Direktionsrechts
- Beginndatum
- Nennung der neuen Tätigkeit
- Nennung der organisatorischen Neueingliederung

Vertragsänderung zur Entgeltanpassung bei gleichzeitiger Anpassung des Direktionsrechts	• Beginndatum • Nennung der neuen Entgeltgruppe • Eventuell Übertragung von Führungsverantwortung

Abb. 10: Grafische Darstellung der Grundgestaltung des Direktionsrechts

Neben diesen grundlegenden vertraglichen Festlegungen im Sinne des Direktionsrechts, gibt es eine große Anzahl von Fällen, die nicht explizit in einem Vertrag festgehalten sind und dennoch klar zum Gestaltungsrecht des Arbeitgebers gehören. Wie weit hier die Befugnisse zur Anweisung von Aufgaben und Verhalten des Arbeitgebers gehen, ist von verschiedenen Faktoren abhängig.

In den nachfolgenden Beispielen aus der betrieblichen Praxis wird deutlich wie vielfältig das sein kann:

Beispiel 1: Anordnung von Überstunden und Mehrarbeit

Der Arbeitnehmer schuldet arbeitsvertraglich in der Regel nur die festgelegten Wochenarbeitszeiten. Eine Vollzeitbeschäftigung beträgt in unserem Unternehmen aufgrund der Einbeziehung des Tarifvertrages für Versorgungsbetriebe (TV-V) 39 Stunden in der Woche. Aufgrund der betrieblichen Einführung von sogenannten Brückentagen mittels Betriebsvereinbarung, wird diese Sollarbeitszeit auf 40 Stunden pro Woche erhöht. Ebenso gilt eine Rahmenarbeitszeit von Montag bis Freitag jeweils von 6.00-19.00 Uhr, welche in eine Betriebsvereinbarung zur Erbringung der Sollarbeitszeit festgehalten ist. Damit steht fest, dass der Arbeitnehmer innerhalb dieser Rahmenarbeitszeit arbeiten kann, um seine geschuldete Arbeitszeit von 40 Stunden pro Woche (also 8 Stunden pro Arbeitstag in der 5-Tage-Woche) zu erbringen. Nach bestimmten, in der Betriebsvereinbarung festgelegten Regeln, kann er diese Arbeit eigenverantwortlich erbringen.

Nun tritt folgender Fall ein: Eine technische Störung im IT-Bereich erfordert dringend Arbeitseinsätze an einem Samstag. Der zuständige IT-Abteilungsleiter erkennt den Bedarf und muss handeln. Das Recht dazu hat er aufgrund folgender rechtlicher Ermächtigungen:

1. Der Arbeitsvertrag schließt die Gültigkeit des TV-V ein.
2. Der TV-V lässt die Anordnung von Überstunden zu.
3. Die Überstunden müssen im Sinne der Mitbestimmung auch vom Betriebsrat genehmigt werden (§ 87 BetrVG). Der Prozess dafür ist auch mittels Betriebs-vereinbarung geregelt.
4. Die Führungskraft, die das Direktionsrecht im Auftrag des Arbeitgebers ausübt, kann also Überstunden anordnen.
5. Die Anordnung muss nach billigem Ermessen erfolgen, d.h. es müssen konkret bekannte Hindernisse der Arbeitnehmer berücksichtigt werden. Es kann also ggf. nicht jeder zu Überstunden verpflichtet werden. Dieser Ermessensspielraum muss also nach „fairen" Maßstäben genutzt werden.
6. Die Führungskraft wird nach einer Art Abfrageplan vorgehen müssen: Idealerweise findet er Freiwillige. Falls nicht, ordnet er demjenigen Mitarbeiter Überstunden an, der durch den Überstundeneinsatz die geringsten Probleme hat. Ein Vater von Kleinkindern, der beispielsweise seine Kinder betreuen muss, weil seine Frau krank ist, kann nur schwer

verpflichtet werden. Ein Kollegen, der ohne Sonn-
tagsverpflichtungen und ohne familiäre Ver-pflich-
tungen ist und keine privaten Einschränkungen
hätte, ist dafür viel besser geeignet.

Beispiel 2: Erledigung von Sonderaufgaben

Ein kaufmännischer Sachbearbeiter in der Finanzabtei-
lung hat überwiegend die Aufgabe der Debitorenbuchhaltung. Seine Führungskraft beauftragt ihn mit der
Aufgabe, zusätzliche statistische Erhebungen durchzuführen.

Diese Aufgabe ist für einen gelernten Kaufmann ohne
Probleme zu erledigen und gehört damit ohne Einschränkung zum Aufgabengebiet des Sachbearbeiters.

Beispiel 3: Das Tragen von Dienst- und Schutz-kleidung

1. Schutzkleidung: Allein schon aus der gesetzlichen
   Verpflichtung des Arbeitsschutzgesetzes heraus,
   muss der Arbeitgeber dafür sorgen, dass der Arbeitnehmer bei der Arbeit nicht zu Schaden kommt.
   Dafür notwendig ist oftmals besondere Schutzleidung wie z.B. Sicherheitsschuhe, Arbeitshosen oder
   Jacken, eventuell eine Brille oder gar ein Helm. Die
   Verpflichtung zum Tragen dieser Schutzleidung ist
   natürlich komplett vom Inhalt des Direktionsrechts
   abgeleitet Der Betriebsrat hat hier beratende Rechte, weshalb es in unserem Unternehmen hierfür
   eine Betriebsvereinbarung gibt.

2. Arbeitskleidung: Möchte der Arbeitgeber, dass der
   Arbeitnehmer bei Ausübung seiner Tätigkeit bestimmte Arbeitskleidung trägt, so gehört dies ebenfalls zum möglichen Direktionsrecht des Arbeitgebers. Wir haben in unserem Unternehmen mehrere

Bereiche, in denen wir dieses Recht ausüben: Unsere Bergbahnen sind ein großer Besuchermagnet in Heidelberg. Das Personal der Wagenbegleiter ist verpflichtet bestimmte Arbeitskleidung zu tragen. Ebenso die Mitarbeiter in unserem Empfang in der Hauptzentrale des Unternehmens. Beides sind Anweisungen des Arbeitgebers, die auf die Ordnung im Unternehmen abzielt (hier das Tragen bestimmter Kleidung) und beide Fälle sind natürlich im Rahmen des möglichen Ermessensspielraums. Auch hier ist der Betriebsrat beratend beteiligt.

Beispiel 4: Anordnung einer Dienstreise

Sofern die Dienstreise zum Aufgabeninhalt beiträgt, ist eine derartige Anordnung des Arbeitgebers Inhalt der Weisungsmöglichkeiten. Selbst die Wahl des Reisemittels obliegt dem Arbeitgeber. Der Arbeitnehmer kann dies also nicht selbst bestimmen. Hilfreich ist auch hier eine Arbeitsanweisung oder Dienstreiserichtlinie, die wir im Unternehmen gemeinsam mit dem Betriebsrat installiert haben. Dort sind alle wichtigen Parameter für eine Dienstreise geregelt.

Beispiel 5: Urlaubseinbringung

Im Rahmen des TV-V hat ein Arbeitnehmer pro Kalenderjahr einen Anspruch auf 6 Wochen bezahlten Erholungsurlaub. Dieser kann natürlich nicht von jedem Arbeitnehmer so in Anspruch genommen werden, wie es ihm gefällt. Vielmehr gibt es hierfür Einschränkungen, die auch das Direktionsrecht berühren. Eine Arbeitsanweisung regelt in unserem Unternehmen die Art und Weise der Einbringung der Urlaubsansprüche. Der Urlaub ist innerhalb der Abteilung vorzuplanen (Grobplanung) und muss dann rechtzeitig vor Antritt offiziell eingereicht werden. Nach Genehmigung des Urlaubs durch die zuständige Führungskraft gilt die Urlaubseinbringung als verbindlich.

Konkurrieren innerhalb einer Gruppe oder Abteilung einzelne oder mehrere Arbeitnehmer mit ihren Urlaubsabschnitten, so ist von der Führungskraft billiges Ermessen im Sinne einer Weisungsentscheidung gefragt. Er muss jetzt nämlich nach den ihm bekannten Kriterien entscheiden, welchen Arbeitnehmer er wann in Urlaub gehen lässt. Dafür gibt es keine Formel im eigentlichen Sinn. Vielmehr muss er versuchen, die Verteilung so gerecht wie möglich vorzunehmen. Auf besondere Tatbestände muss er Rücksicht nehmen (etwa schulpflichtige Kinder). Einen Rechtsanspruch aufgrund besonderer Situationen für bestimmte Urlaubsphasen gibt es nicht. Die Führungskraft darf auch hier unter Mitwirkung der betroffenen Arbeitnehmer auf deren Flexibilität zurückgreifen. Der Kollege mit schulpflichtigen Kindern kann sich unter Umständen nicht darauf berufen, in einer bestimmten Ferienwoche seinen Urlaub zu bekommen. Derartige Flexibilitätsansätze muss die Führungskraft nutzen, um einen Konsens herzustellen.

Beispiel 6: Maßregelungen verschiedener Art
Trägt das Verhalten des Arbeitnehmers dazu bei, dass Abläufe gestört sind, dass Arbeiten nicht richtig erledigt oder Vorschriften nicht eingehalten werden, darf der Arbeitgeber natürlich maßregeln.

Wird exemplarisch die Pausenzeit nicht korrekt eingehalten oder die Arbeit schlampig verrichtet, muss der Arbeitnehmer sich diesen Vorwurf gefallen lassen. Ohne aktives Feedback bei Fehlverhalten besteht die Gefahr der Duldung und dies wäre nicht nur schlecht für die Aufgabenerfüllung des Unternehmens, sondern

auch arbeitsrechtlich fragwürdig. Ein langer Duldungs-
zeitraum kann zu einer versteckten betrieblichen Übung
führen, die nur schwer zu korrigieren ist.

Beispiel 7: Der Arbeitsnachweis

Sind Art und Umfang der Arbeitsleistung schwer nachvollziehbar, kann der Arbeitgeber für einen bestimmten
Zeitraum einen schriftlichen Arbeitsbericht verlangen,
den der Arbeitnehmer dann zu bestimmten Terminen
vorlegen muss. Dieser beinhaltet mindestens den Tag,
die Uhrzeit der Arbeitsleistung und den Inhalt. In den
regelmäßig stattfindenden Feedbackgesprächen zu den
Inhalten, kann dann sehr genau analysiert werden, wo
die Probleme liegen. Die Aufforderung dazu gehört zum
Direktionsrecht.

In der Praxis haben wir derartige Anordnungen zwar
selten, aber immer mal wieder. In einem vergangenen
Fall wollten wir einen Mitarbeiter auf eine neue Stelle einarbeiten, da sein alter Arbeitsplatz entfallen war.
Nach drei Monaten lief die Arbeit auf der neuen Stelle
noch immer nicht „rund". Wir ordneten einen Arbeits-
nachweis an und sahen die Ergebnisse einen Monat später durch. Nun war klar, dass der Kollege im Vergleich
zu anderen Mitarbeitern die ihm gestellten Aufgaben
nicht mal zur Hälfte erledigt hatte. Die Einarbeitungszeit war im Vergleich zu anderen Personen ebenfalls
länger. Damit stand fest, dass das notwendige Sollpens-
um der Aufgabe nicht erreicht wurde. Nun hatten wir
einen guten Ansatzpunkt für das Feedbackgespräch. Es
gab rasch eine Übereinkunft, dass diese Stelle für den
Mitarbeiter nicht passte und die Einarbeitung wurde
beendet. In der Folge konnten wir einen anderen geeigneten Arbeitsplatz für ihn finden.

Das folgende Schaubild zeigt nochmals die Darstellung der unterschiedlichen (Rechts-) Normen, die beim Direktionsrecht ineinander wirken.

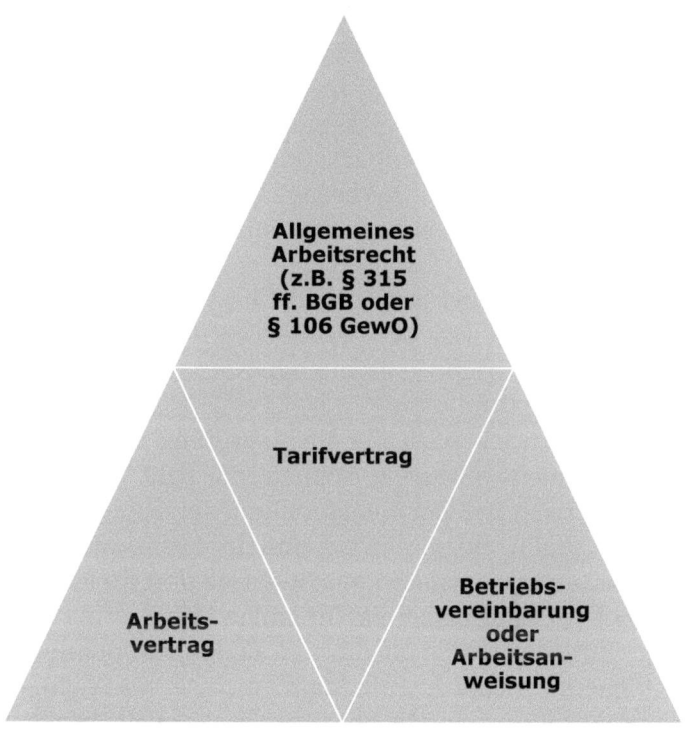

Abb. 11: Die Normen-Pyramide im Arbeitsrecht

Wie man sieht, hat das Direktionsrecht direkte Auswirkungen auf die Personal-einsatzplanung. Wen kann der Arbeitgeber mit welchen Aufgaben betrauen und wo sind die Grenzen? Dies wollte ich anhand der Beispiele beantworten.

Je bekannter die Kompetenzen der Mitarbeiter sind, desto besser lassen sich die Einsätze planen. Ein Mitarbeiter, der als Buchhalter arbeitet, dessen Neigungen und Kompetenzen aber eher fernab der Zahlenaffinität liegen, ist dort auf Dauer sicher nicht gut aufgehoben.

Nicht zuletzt aus diesem Grund spielen die Führungskräfte eine entscheidende Rolle in einer betrieblichen Organisation. Dies gilt auch für die Personaleinsatzplanung. Ein Chef sucht sich in der Regel seine Mitarbeiter raus, trägt dazu bei, dass sie sich gut entwickeln und empfängt und gibt Feedback. Sofern dies einigermaßen gut gelingt, sind das die besten Voraussetzungen, das Personal entsprechend der persönlichen Möglichkeiten einzusetzen.

Zu Beginn meiner beruflichen Tätigkeit hatte ich hierzu einige Erlebnisse der besonderen Art, die gute und weniger gute Beispiele dafür sind, wie es sein oder eben nicht sein kann:

Nachdem ich nach der Staatsprüfung als Beamter übernommen wurde, hat es mich sehr bald in den Aufgabenbereich der Personalabteilung verschlagen. Dort wurde zufällig eine Stelle frei und der Sachgebietsleiter hat sich an mich erinnert, nachdem ich dort im Rahmen meiner Ausbildung bereits für einige Monate eingesetzt war. Eine der ersten glücklichen Fügungen meines beruflichen Lebens. Er war dann mein erster richtiger Chef, war etwas ruppig, aber ein klasse Feedbackgeber. Er forderte mich, gab immer Feedback und schließlich förderte er mich auch. Einer seiner Ansagen war: „Hinterfrage alles und schaue immer über den Tellerrand!" Das tat ich damals und das tue ich noch heute.

Ein weniger gutes Beispiel aus meiner beruflichen Laufbahn sollte auch nicht fehlen: Ich war damals schon fast zehn Jahre in der Personalabteilung, hatte auch schon die Berufung zum Beamten auf Lebenszeit erreicht und war bereits in der vorletzten Stufe meiner Laufbahngruppen angekommen. Ich wollte mich jedoch verändern. Ich wollte mehr Verantwortung und mehr

Entscheidungskompetenzen und fragte meinen damaligen Personalchef, ob er mich fördern würde. Ich war bereit auf meine Kosten ein vierjähriges Abendstudium zu absolvieren, wenn er mir im Gegenzug eine Möglichkeit des Aufstiegs in Aussicht stellen würde. Er tat dies nicht - mit der Begründung, dass mit so einem Wunsch jeder kommen könnte. Diese Entscheidung steht bis heute unerklärt im Raum. Keine zwei Jahre später ließ ich mich aus dem Beamtenverhältnis entlassen und ging zu jenem kommunalen Stadtwerk, dem ich heute noch treu bin. Natürlich absolvierte ich dann auch sehr bald mein BWL-Studium und konnte endlich durchstarten.

Bei meinem neuen Arbeitgeber hatte ich die besten Voraussetzungen für jemanden, der wollte, konnte und durfte. Auch hier wurde ich von meinem Chef gefordert und gefördert. Ich war in vielen Sonderaufgaben eingebunden, brachte mich auch immer wieder selbst auf den Plan und konnte sehr große Projekte begleiten. So konnte ich beispielsweise im Jahr 2005 mit meinem Chef gemeinsam für über 750 Mitarbeiter den Tarifvertrag für Versorgungsbetriebe im Unternehmen einführen.

An den Erlebnissen aus meinem Berufsleben kann man zwei Extremfälle gut erkennen. Chefs, die sich kümmern und welche, die es nicht können oder wollen. Diese in meinem Fall dargestellte Formel „Wer mehr tun will, der soll auch mehr bekommen" stimmt zwar grundsätzlich, muss jedoch nochmals näher betrachtet werden. Denn nicht jeder Mitarbeiter, der mehr tun will, kann es auch wirklich. Nur die Führungskraft, die den Unterschied erkennt, kann gut darauf reagieren. Die Umsetzung der Erkenntnis ist Bestandteil der sogenannten situativen Führung. Die Personallehre unterscheidet hier:

1. Mitarbeiter, die wollen und können
2. Mitarbeiter, die können, aber nicht wollen
3. Mitarbeiter, die wollen, aber nicht können
4. Mitarbeiter, die weder können noch wollen

Entlang dieser Skalierung muss sich die Führungskraft immer ein Bild vom Status seiner Mitarbeiter machen. Der Status ist dabei leider nicht statisch, er kann sich nämlich auch verändern.

Irgendein schlauer Mensch hat einmal gesagt, dass jeder Chef die Mitarbeiter bekommt, die er verdient. Diese Aussage passt wirklich gut, trifft sie doch für mich genau den Punkt. Jeder Chef hat es nämlich selbst in der Hand, Dinge zu gestalten.

7. Die Führungskraft als wichtige Einflussgröße

Seit meinem 16. Lebensjahr stehe ich nun im Kontext einer Organisation. Ich konnte seither sehr viele Führungskräfte selbst erleben, aber auch durch meine Tätigkeit die Führungskräfte in deren jeweiligen Verantwortungsbereichen beobachten und begleiten. So vielfältig wie Menschen eben sind, so vielfältig sind auch die Chefs. Es ist eine immerwährende Freude, die unterschiedlichen Facetten der Chefs kennenzulernen.

Da gibt es den Opportunisten, den Revolutionär, den Sanften, den Kämpfer, den Treuen, den Kumpeltyp oder auch das uneingeschränkte Alphatier. Am Ende ist es völlig egal, welcher Typus Chef gerade unterwegs ist, wichtig ist nur, dass er seinen Job versteht. Doch was macht einen guten Chef aus?

Fragt man dies „Dr. Google" findet man unzählige Studien und Aufsätze, die alle sicherlich irgendwo Bestand haben. Aus meiner Erfahrung sehe ich folgende Eigenschaften besonders wichtig, um ein guter Chef zu sein:

1. *Ein Chef muss und sollte nicht perfekt sein*: Ganz ehrlich: Kein Mensch ist perfekt! Je mehr jemand dies meint, desto arroganter wirkt er und das kommt bei den Mitmenschen nicht gut an.

2. *Der Chef muss nicht der beste Fachmann sein*: Je größer der Verantwortungsbereich eines Chefs ist, desto weniger kann er Detailfachmann sein, das ergibt sich automatisch. Er muss es vielmehr schaffen, Wissen und Knowhow seiner Mitarbeiter gut zu steuern. Wenn sich ein Chef dabei eine Königsdisziplin zu eigen macht, schadet das nicht unbedingt. Er darf auch mal fachlich glänzen, sollte sich aber nicht

in Details verstricken.

3. *Der Chef lebt Werte vor*: Kinder schauen bei ihren Eltern ab, wie diese mit bestimmten Lebenssituationen umgehen. Wissenschaftlich belegt ist beispielsweise, dass das charakterprägende Alter eines Kindes zwischen sieben und acht Jahren endet. Eine ähnliche Situation ergibt sich zwischen Chef und Mitarbeiter. Verkörpert der Chef bestimmte Werte wie Offenheit, Fairness und Leistung, färbt das in der Regel auf die Mitarbeiter ab. Es bleibt nie unbemerkt, wenn der Chef Gutes vorlebt, soviel steht fest.

4. *Ein Chef ist wirksam*: Um eigene und unternehmerische Ziele zu erreichen, braucht jeder Chef Mitarbeiter, auf die er sich verlassen kann. Oftmals müssen Veränderungen nachgehalten und Ziele im Auge behalten werden. Mit durchdachten Zielformulierungen gibt er geordnete Aufgaben, die gemeinsam mit dem Mitarbeiter erreicht werden können. Nachfolgendes Feedback (positiv wie negativ) hilft der Korrektur des Weges.

5. *Ein Chef sollte ein Teamplayer sein*: Erfolgreiche Chefs spielen gemeinsam mit der Mannschaft das Spiel. Frei nach dem Motto „Gemeinsam sind wir stark!" arbeitet er mit seinen Mitarbeitern, gibt ihnen Freiräume, trainiert sie, coacht sie und begegnet ihnen arbeitstechnisch immer auf Augenhöhe.

6. *Ein Chef sollte ein Menschenfreund sein*: Zunächst einmal sieht ein guter Chef in jedem Menschen keinen Feind. Im Gegenteil, er geht immer davon aus, dass man sich freundschaftlich begegnen kann. Er weiß aber auch, wann die freundschaftlichen Grenzen überschritten werden und kann entsprechend reagieren. In wenigen Fällen kann er dann auch

„Ansagen" machen, wenn es situativ geboten ist.

7. *Ein Chef sollte immer auf der Suche nach Verbesserungen sein*: Ein guter Chef ruht sich nicht zu lange auf seinen Lorbeeren aus. Vielmehr ist er immer auf der Suche nach prozessualen Verbesserungen der Abläufe, stellt sich auf Veränderungen mit seiner Mannschaft schnell ein und checkt eigentlich immer die Lage.

8. *Ein Chef fordert Menschen*: Zur Steuerung der Ressource Mensch gehört es auch, dass ein Chef die Grenzen seiner Mitarbeiter kennt. Dies kann er nur dadurch erreichen, dass er die Mitarbeiter fordert. Arbeitsaufträge, die in Menge und Güte auch mal über das Normalmaß hinausgehen, die Mitarbeiter auch mal aus der Komfortzone holen, das sind hier die Möglichkeiten.

9. *Ein Chef sollte offen für andere Wirklichkeiten sein*: Ein Chef sollte sich die Welt nicht so machen, wie sie ihm gefällt. Vielmehr müssen Realitäten erkannt, akzeptiert und angenommen werden. Verschließt er sich der Wirklichkeit, kann das nicht lange gut gehen, denn am Ende löst ihn die Wirklichkeit im wahrsten Sinne des Wortes ab.

10. *Ein Chef darf auch Fehler machen*: Auch ein Chef ist nur ein Mensch! Auch er macht Fehler und das darf er auch. Passiert dies, muss er es auch nicht verschweigen. Er sollte offen damit umgehen, seinen Mitarbeitern gegenüber diese auch eingestehen. Es versteht sich allerdings von selbst, dass Fehler nicht an der Tagesordnung sein dürfen, sonst besteht die Gefahr, dass er an Anerkennung verliert.

Führungskraft zu sein ist nicht einfach. Die hier genannten Eigenschaften sind in Summe ein gewaltiger

Strauß an Kompetenzen. Wollte ein Mensch diese Dinge alle situativ und nur intellektuell steuern, geht das wahrscheinlich nicht gut. Er muss vielmehr ohne großes Nachdenken in vielen Situationen intuitiv regieren können. Das ist für mich der Hauptgrund, dass es Menschen gibt, die bei genauer Betrachtung nie dazu geeignet wären, Führungsaufgaben zu übernehmen. Oftmals nutzt man daher in der Praxis besondere Diagnostik-Modelle um explizit herauszufinden, ob ein Mensch diese Führungskompetenzen besitzt. Im Kapitel Eignungsdiagnostik habe ich hierzu einige weiterführende Erläuterungen gegeben.

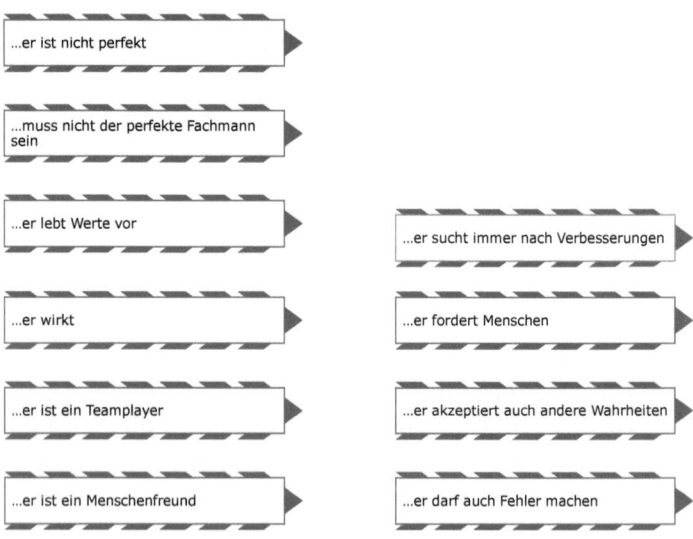

...er ist nicht perfekt

...muss nicht der perfekte Fachmann sein

...er lebt Werte vor

...er sucht immer nach Verbesserungen

...er wirkt

...er fordert Menschen

...er ist ein Teamplayer

...er akzeptiert auch andere Wahrheiten

...er ist ein Menschenfreund

...er darf auch Fehler machen

Abb. 12: Diese 10 Dinge machen einen guten Chef aus

8. Die Störungen im Leistungsverhältnis

Auch wenn dem Grunde nach alles stimmt, also die Ertragslage des Unternehmens passt, die Bezahlung angemessen gut ist, die Arbeitsbedingungen adäquat sind und sogar ein angenehmes Arbeitsklima herrscht, erleben wir in der Praxis unserer Personalarbeit trotzdem Fälle von Störungen im Leistungsverhältnis.

Die Leistung des Arbeitgebers (Entgelt) passt nicht mehr zur Gegenleistung des Arbeitnehmers (die Arbeit). Manchmal sind die Gründe dafür nicht leicht zu erkennen, in einigen Fällen sind es sogar Schicksale, die dazu führen. Einige Beispiele dafür möchte ich gerne näher beschreiben:

1. Leistungsabfall und Ausfall durch Arbeitsunfähigkeit
In meiner beruflichen Praxis habe ich in diesem Bereich unterschiedliche Fälle kennengelernt.

* Der *„Immer-Wieder-Kranke"*: Über viele Jahre hinweg häuft der Mitarbeiter immer wieder mal zu unterschiedlichen Zeiten Krankheitstage an. Die Phasen sind mal kürzer, mal länger, aber weit über dem Durchschnitt aller Mitarbeiter. Selbst in Personalgesprächen und bei einer ordentlich durchgeführten Maßnahme aus dem Betrieblichen Eingliederungsmanagement kann man die Ursachen nicht erkennen und beseitigen.
* Der *„Schwerkranke"*: Die Arbeitsunfähigkeit beruht auf einer sehr schweren Erkrankung, die den Mitarbeiter sehr lange außer Gefecht setzt.
* Die *gesundheitliche Dauerbeeinflussung*: Der Mitarbeiter hat gesundheitliche Einschränkungen,

die ihn dauerhaft daran hindern, seine Arbeitsvertragspflichten zu 100% zu erfüllen. Einige „böse Zungen" nennen diese Situation den „Fünf-Kilo-Persilschein". Der Name kommt daher, weil die Einschränkungen oftmals mit einer ärztlichen Bescheinigung nachgewiesen werden, in der begutachtet ist, dass der Mitarbeiter z.B. max. fünf Kilo Gewicht tragen kann.

In allen hier beschriebenen Fällen hat der Arbeitgeber große praktische Probleme mit der langfristigen Personalplanung. Der Mitarbeiter fehlt immer wieder mal oder sehr lange oder hat starke gesundheitliche Einschränkungen.

Sind diese Probleme so groß, dass es dem Arbeitgeber nicht mehr zumutbar ist, kann das Arbeitsverhältnis gekündigt werden. Im Rahmen der ordentlichen Kündigungsfristen kann nach der ständigen Rechtsprechung des Bundesarbeitsgerichts (BAG) das Arbeitsverhältnis nach einer Drei-Stufen-prüfung gekündigt werden. Diese sind:

Stufe 1 - Negative Gesundheitsprognose
In welchem Maß die bereits verbrachten Krankenfehlzeiten entstanden sind, muss nicht bewiesen werden, denn dies steht anhand der Aktenlage fest. Es muss vielmehr der Nachweis geführt werden, dass die derzeitige negative Gesundheitslage des Arbeitnehmers auch in Zukunft anhalten wird (negative Gesundheitsprognose).

In der Praxis ist dies alleine schon ein schwerlich zu erbringender Nachweis, denn der Arbeitgeber kennt in der Regel weder die Krankheiten des Arbeitnehmers, noch die Prognose der Veränderungen in der Zukunft.

Aus meiner Praxis kenne ich Fälle, in denen der Arbeitnehmer von sich aus nach längerer Arbeitsunfähigkeit eine ärztliche Bescheinigung abgibt, in der nicht nur die Diagnose bescheinigt wird, sondern auch welche Einschränkungen wie lange gegeben sind. Beispielhaft könnte eine derartige Bescheinigung so lauten:

... wird ärztlicherseits bestätigt, dass Ihr Arbeitnehmer infolge einer koronaren Herzerkrankung dauerhaft nicht mehr in der Lage ist, die Tätigkeit als XY auszuüben. Eine Versetzung ist ärztlicherseits geboten und wäre zu begrüßen.

An diesem Beispiel wäre die dauerhafte negative Prognose für die gerade ausgeübte Tätigkeit nachgewiesen und Stufe 1 abgehakt.

Hat man derartige Hinweise nicht, muss der Arbeitgeber geeignete Recherchen anstellen. Dies kann z.B. mittels Einschaltung des Betriebsarztes geschehen, könnte aber auch über vernünftige Personalgespräche geschehen. Zu favorisieren ist jedoch für derartige Recherchen das sogenannte Betriebliche Eingliederungsmanagement (BEM). Es ist eine gesetzlich vorgesehene Aufgabe des Arbeitgebers, mit dem Ziel, Arbeitsunfähigkeit der Beschäftigten eines Betriebes oder einer Dienststelle möglichst zu überwinden, erneuter Arbeitsunfähigkeit vorzubeugen und den Arbeitsplatz des betroffenen Beschäftigten im Einzelfall zu erhalten. Im weiteren Sinne geht es um ein Betriebliches Gesundheitsmanagement zum Schutz der Gesundheit der Belegschaft. Die Rechtsgrundlage ist § 84 Abs. 2 Neuntes Buch Sozialgesetzbuch (SGB IX).

Im Rahmen eines BEM ist es zwar nach ständiger Rechtsprechung des Bundesarbeitsgerichts (BAG) verboten, die erhobenen Daten zum Gesundheitszustand als negative Prognose zu verwerten, dennoch ist allein die Tatsache oft ausreichend, dass ein BEM nicht erfolgreich beendet werden konnte.

Unabhängig vom möglichen Beweis einer negativen Gesundheitsprognose ist das BEM aber tatsächlich die beste Chance überhaupt, sich einen Überblick über die Einschränkungen des Arbeitnehmers zu verschaffen um ihn dann mit geeigneten Maßnahmen dauerhaft wieder einsetzen zu können. Geeignete Maßnahmen reichen dabei von Arbeitshilfen technischer Art, über Umqualifizierungen und Versetzungen bis hin zu Arbeitszeitänderungen.

Stufe 2 - Erhebliche Beeinflussung betrieblicher Interessen durch entstandene und prognostizierte Fehlzeiten

Eine der größten Beeinflussungen des Arbeitgebers sind die durch die Fehlzeiten verursachten Personalkosten. Arbeitgeber müssen immer mit krankheitsbedingten Fehlzeiten rechnen. Das ist die Logik einer sozialen Marktwirtschaft mit einem sozialen Arbeitnehmerschutzrecht. Der Grundsatz des Gesetzes ist so, dass man für seine Arbeitsunfähigkeit nicht verantwortlich ist und deshalb seinen Lohnanspruch für eine bestimmte Zeit nicht verliert (Entgeltfortzahlungsgesetz). Führen derartige Entgeltfortzahlungen beim Arbeitgeber allerdings zu einer bedeutend wirtschaftlichen Größenordnung, ist dies nicht mehr vertretbar. Liegen etwa über drei Jahre hinweg die Kosten für die Entgeltfortzahlung beim Dreifachen der durchschnittlichen Kosten anderer Arbeitnehmer, wäre dies ein starkes Indiz für eine wirtschaftliche Überbeanspruchung des Arbeitgebers.

Stufe 3 - Unzumutbare Beeinträchtigung des Arbeitge-

bers

Neben den gestörten Arbeitgeberinteressen (Stufe 2) führen Ausfallzeiten immer zu Beeinträchtigungen. Je größer diese sind, desto unzumutbarer sind sie. Derartige Beeinträchtigungen beginnen mit organisatorischen Störungen (Umverteilung der anfallenden Arbeiten auf andere Mitarbeiter). Dies erfolgt meist über Mehrarbeit für andere Arbeitnehmer oder auch schon mal über temporär einzustellendes Ersatzpersonal. In Extremfällen kann es sogar zu Umsatzeinbußen kommen, wenn nämlich die Lücke gar nicht oder nicht schnell genug geschlossen werden kann. Wie bereits erwähnt, muss sich ein Arbeitgeber auf derartige Ausfälle einstellen und hat daher in der Regel immer ein gutes Maß an Alternativlösungen. Dies funktioniert jedoch nicht mehr bei extremen Fällen.

Die Beweise für Störungen und Beeinträchtigungen dieser Art lassen sich sicherlich gut auflisten und ggf. berechnen.

Selbst wenn man alle Stufen durchlaufen hat und alle Indizien gegen den Arbeitnehmer sprechen, ist die Kündigung noch lange nicht erklärbar. Die ständige Rechtsprechung und das Kündigungsschutzgesetz gehen nämlich auch im Fall der krankheitsbedingten Kündigung vom Prinzip des „ultima ratio" aus. Die Kündigung muss immer der letztmögliche Weg sein.

Vorher muss die Interessenabwägung stattfinden, also die Prüfung von ander-weitigen Beschäftigungsmöglichkeiten. Zur Eruierung dieser Möglichkeiten bietet sich ebenfalls das oben beschriebene BEM an, da gerade in diesem Prozess derartige Dinge zu prüfen sind.

Beispiel: Ein 45-Jähriger Elektromonteur (Zugehörigkeit zum Unternehmen 20 Jahre) ist seit mehreren Jahren häufig arbeitsunfähig. In den letzten drei Kalenderjahren fiel er wegen Krankheit an 200 Arbeitstagen aus. Die Kosten für die Entgeltfortzahlungen betrugen in Summe 60.000 EUR. Durch die großen Fehlzeiten mussten Ersatzkräfte eingestellt werden und es mussten Investitionen verschoben werden. Bereits früher durchgeführte BEM´s waren zunächst erfolgreich. Das alte Fehlzeitenschema setzte jedoch leider wieder ein. Zum zweiten Mal wird das BEM gestartet. Es finden erste Gespräche statt und er gibt daraufhin eine ärztliche Bescheinigung mit folgendem Inhalt ab: Herrn XY wird ärztlicherseits bestätigt, dass er infolge einer koronaren Herzerkrankung dauerhaft nicht mehr in der Lage ist, die Tätigkeit als Elektromonteur auszuüben. Eine Versetzung ist ärztlicherseits geboten und wäre zu begrüßen.

Nun nehmen wir in diesem Fall die Stufenprüfung vor:

Stufe 1: Negative Gesundheitsprognose ist durch das Attest bewiesen.

Stufe 2: Erhebliche Beeinflussung der Arbeitgeberinteressen ist durch die Kosten von 60.000 EUR gegeben.

Stufe 3: Unzumutbare Beeinträchtigungen sind ebenfalls gegeben.

Nach dem ultima ratio-Prinzip muss nun noch die Interessensabwägung stattfinden. Es muss also versucht werden, eine andere Einsatzmöglichkeit für den Mitarbeiter zu finden. Ist er z.B. bereit, eine Innendiensttätigkeit als Disponent zu übernehmen, wenn man gerade hier eine Stelle zu besetzen hat? Ist der Mitarbeiter bereit, die dafür notwendige Weiterbildung zu absolvieren?

Damit steht fest: Diese Möglichkeit muss zuerst genutzt und ausprobiert werden. Eine Kündigung käme erst nach Ausschöpfung aller Möglichkeiten in Frage.

Zusätzlich muss eine weitere Besonderheit beachtet werden: Eine krankheitsbedingte Kündigungsmöglichkeit ist fast völlig ausgeschlossen, wenn der Arbeitnehmer aufgrund tarifvertraglicher Schutzregelungen nur noch außerordentlich kündbar ist. Das Übergangsrecht des TV-V hat vielen Arbeitnehmern diesen Status verbrieft. In derartigen Fällen haben wir als Arbeitgeber kaum eine Möglichkeit im Kündigungsweg. Hier müssen einvernehmliche Lösungen gefunden werden, die immer mit Zahlung einer angemessenen Entlassungsentschädigung (Abfindung) einhergehen.

2. Low Performance

Das Wesen eines Arbeitsvertrages ist es im Gegensatz zu einem Werkvertrag, dass der Arbeitnehmer dem Arbeitgeber zunächst nur die Arbeitsleitung schuldet, aber nicht explizit den Erfolg der Arbeitsleistung. Der Arbeitnehmer muss also seine Arbeit erledigen so gut er kann. Und da beginnt eigentlich die Misere für die Definition der Minderleistung.

Dabei gilt folgender Maßstab: Eine Minder- oder Schlechtleistung im arbeitsrechtlichen Sinne liegt erst vor, wenn die Ist-Leistung von der geschuldeten Soll-Leistung erheblich abweicht. Die Soll-Leistung bestimmt sich nach den arbeitsvertraglichen Vereinbarungen (Menge, Qualität) oder dem im Rahmen des Direktionsrechts festgelegten Arbeitsinhalt unter Ausschöpfung der persönlichen, subjektiven Leistungsfähigkeit des Arbeitnehmers. Zusammengefasst heißt dies also: „Der Arbeitnehmer muss tun, was er soll, und zwar so gut, wie er kann."

Die Normalleistung ergibt sich dabei aus der Ausschöpfung der persönlichen Leistungsfähigkeit. Fraglich ist, was eine Normalleistung ist und wonach diese bemessen wird. Der Arbeitnehmer muss unter Ausschöpfung seiner persönlichen Leistungsfähigkeit arbeiten. Dies ist für einen Arbeitgeber jedoch nicht ohne objektive Kriterien erkennbar, denn wenn ein Arbeitnehmer unterdurchschnittliche Leistungen erbringt, muss das nicht zwangsläufig bedeuten, dass der Arbeitnehmer seine persönliche Leistungsfähigkeit nicht ausschöpft.

Den Arbeitgeber trifft in jedem Fall hier die Beweispflicht, d.h. er muss im gerichtlichen Verfahren beweisen, dass der Arbeitnehmer zum einen die Leistungen im Vergleich zu anderen über einen längeren Zeitraum unterschreitet (und zwar deutlich, lt. BAG-Urteil mind. 25%) und zum anderen dies tut, obwohl er mehr oder besser leisten könnte.

Der Weg für eine derartige personenbedingte Kündigung ist also mehr als steinig. Oftmals paart sich die Situation der Schlechtleistung mit einer größeren Phase von Arbeitsunfähigkeitszeiten. Dies wiederum ist ein Indiz dafür, dass der Arbeitnehmer nichts dafür kann, dass er nicht gut leistet. In einem solchen Fall benötigt der Arbeitgeber entweder einen langen Atem und gute Aufzeichnungen zum Nachweis der Schlechtleistung oder er findet gemeinsam mit dem Arbeitnehmer eine Möglichkeit, den Vertrag gemeinsam zu beenden.

3. Suchterkrankung

Um es gleich vorwegzunehmen: Der Umgang mit Suchterkrankungen im betrieblichen Kontext ist für jeden beteiligten Mitarbeiter eine große Herausforderung, aber auch eine ebensolche Belastung. Suchtkranke Menschen offenbaren sich nur selten, leben mit ihrer Krankheit eher im Verborgenen. Vor allem aber sind sie oftmals Meister der Täuschung und des Versteckens.

Das betriebliche Umfeld eines Suchterkrankten kann zwar die Krankheit an sich nicht helfen zu heilen, aber es kann dazu beitragen, dass der Erkrankte wahrgenommen und wachgerüttelt wird, so dass er sich helfen lässt.

Ich habe in meiner betrieblichen Praxis schon die gesamte Problempalette kennen lernen dürfen, die sich durch Suchterkrankungen ergibt. Vor sehr langer Zeit war ich zuständig für die Personalabrechnung und die Verwaltung von Mitarbeitern einer Müllabfuhr. Damals (in den 80er und 90er Jahren) war es z.B. völlig normal, dass Alkohol getrunken wurde. Damit war das Risiko einer Alkoholsuchterkrankung ohnehin schon sehr hoch. Leider hatte das Thema Alkoholkonsum auch damals gesellschaftlich noch nicht so große Relevanz wie heute. In einigen Berufszweigen war es sogar fast normal, Alkohol während der Arbeit zu trinken. Ich erinnere mich aber auch daran, dass es damals auch öfter mal zu Zwischenfällen kam, die bis zum Entzug der Fahrerlaubnis führten.

An eine besonders knifflige Situation erinnere ich mich noch gut: Ein Mitarbeiter fuhr nach sehr hohem Alkoholgenuss mit seinem Moped nach Hause. Er verlor das Gleichgewicht und prallte ungebremst auf einen PKW. Natürlich wurde Alkoholkonsum festgestellt, der Pegel war dabei recht hoch. Er verlor den Führerschein, musste den Schaden der Versicherung erstatten und sogar die Entgeltfortzahlung wurde ihm verweigert, da er schuldhaft den Unfall verursacht hatte. Außerdem wurde er arbeitsrechtlich abgemahnt und aufgrund seines Führerscheinentzugs konnte er keinen PKW mehr fahren und musste andere Arbeiten erledigen, die eine Herabgruppierung zuließen. Dieser Unfall war für den Kollegen damals nur die Spitze des Eisbergs, denn er war stark alkoholabhängig.

Trotzdem bekam er sein Leben wieder in den Griff. Er wurde entgiftet, machte eine Langzeitkur und ist seither „trocken". Natürlich bekam er auch seinen Führerschein und seine alte Arbeit wieder und konnte die Schulden zurückzahlen. Hätte er jemanden in seinem Umfeld gehabt, der ihn auf-merksam gemacht und Hilfe angeboten hätte, wäre das Lehrgeld vielleicht nicht so hoch gewesen.

Und genau diese Hilfestellungen kann und muss in der heutigen Zeit ein Betrieb leisten. Hat ein Kollege offensichtlich Probleme mit einer Suchterkrankung, darf man nicht wegschauen und es schon gar nicht vertuschen. Dies alles macht einen zum Co-Abhängigen. Aber wie macht man das als Unternehmen?

Hier bietet sich eine große Palette von Möglichkeiten an. Vor einigen Jahren haben wir uns im Unternehmen auf den Weg gemacht und die Suchtprävention im Rahmen des Betrieblichen Gesundheitsmanagements (BGM) eingebunden und neu aufgestellt. Im Detail haben wir uns folgenden Themen angenommen:

1. Gemeinsam mit dem Betriebsrat haben wir eine Betriebsvereinbarung zur Suchtprävention geschlossen. Wichtigste Regelungspunkte darin waren die Schulung der Führungskräfte, die Sensibilisierung und ein Stufenplan zum Umgang mit bekannten Suchtfällen.
2. In den Schulungen wurden alle Führungskräfte darauf vorbereitet, wie man Suchterkrankungen erkennen kann und wie man mit dem betroffenen Menschen umgeht. Die Schulung führte ein Mediziner unseres Betriebsärztlichen Dienstes durch.
3. Ebenso lernten die Führungskräfte den Stufenplan

kennen, nach dem wir im Fall einer bekannten Suchterkrankung vorgehen. Dabei haben wir vor allem großen Wert darauf gelegt, wie man sich in der jeweiligen Stufe verhalten kann und soll.

Beispielhaft hatten wir dabei folgendes Szenario durchgespielt: Die Führungskraft riecht bei einem Mitarbeiter wiederholt eine Alkoholfahne. Zunächst ist er vorsichtig und erhöht lediglich seine Aufmerksamkeit. In einer kurzen Zeitspanne von mehreren Tagen fällt ihm die Alkoholfahne immer wieder auf und das auch zu unterschiedlichen Tageszeiten. Nach wie vor ist es jedoch nur ein Verdacht, also bittet er seinen Mitarbeiter zu einem 4-Augen-Gespräch. Er redet nicht um den heißen Brei herum, sondern gibt ihm wertschätzend und unter Hinweis auf seine Fürsorge seine Beobachtung wieder und bittet den Mitarbeiter um Stellungnahme.

Leugnet der Mitarbeiter den Alkoholgenuss, verlängert sich die Beobachtungsphase. Wiederholt sich die Wahrnehmung, muss erneut ein Gespräch geführt werden. Gibt er hingegen den Alkoholgenuss gleich zu, versucht man mit ihm die Gründe zu eruieren und Maßnahmen zu ergreifen. Je nachdem, wie weit sich der Mitarbeiter öffnet, zieht man weitere Hilfe hinzu, die man mit ihm abspricht. Weitere Hilfe könnte z.B. das Einschalten des Betriebsarztes sein. Das wären an der Stelle bereits die Möglichkeiten aus Stufe 1 einer möglichen Vorgehensweise.

Je nach Situation wird der Druck an den Mitarbeiter seitens der Führungskraft, und später sogar offiziell seitens des Arbeitgebers, höher, bis hin zur letzte Stufe der personenbedingten Kündigung.

Diese Vorgehensweise nach dem Stufenplan ist seit vielen Jahren in der Praxis anerkannt. Ein offizielles

Schaubild findet man bei fast jeder Krankenkasse auf deren Homepage unter dem Punkt Suchtprävention:

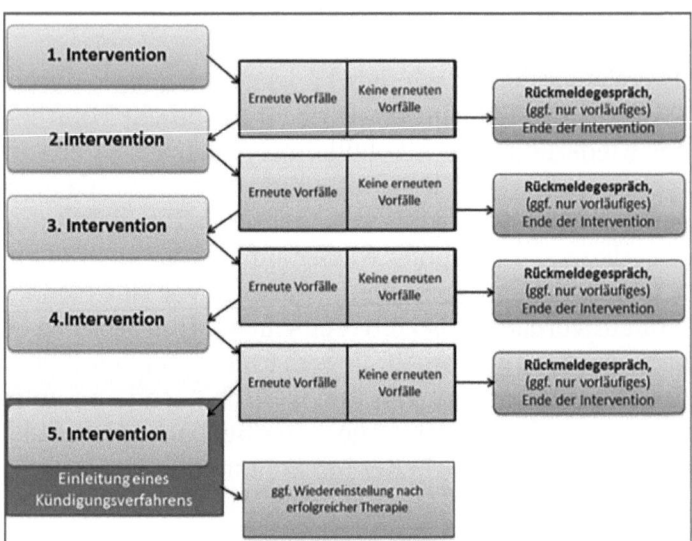

Abb. 13: Qualitätsstandards in der betrieblichen Suchtprävention und Suchthilfe der Deutschen Hauptstelle für Suchtfragen (DHS). Ein Leitfaden für die Praxis (Quelle: DHS.de 2018)

4. Außerordentliche Fälle

Damit Sie sofort einen Einblick in die außerordentlichen Kündigungsfälle bekommen, schauen wir zunächst auf den Gesetzestext des § 626 BGB:

§ 626 Fristlose Kündigung aus wichtigem Grund
(1) Das Dienstverhältnis kann von jedem Vertragsteil aus wichtigem Grund ohne Einhaltung einer Kündigungsfrist gekündigt werden, wenn Tatsachen vorliegen, auf

Grund derer dem Kündigenden unter Berücksichtigung aller Umstände des Einzelfalles und unter Abwägung der Interessen beider Vertragsteile die Fortsetzung des Dienstverhältnisses bis zum Ablauf der Kündigungsfrist oder bis zu der vereinbarten Beendigung des Dienstverhältnisses nicht zugemutet werden kann.

(2) Die Kündigung kann nur innerhalb von zwei Wochen erfolgen. Die Frist beginnt mit dem Zeitpunkt, in dem der Kündigungsberechtigte von den für die Kündigung maßgebenden Tatsachen Kenntnis erlangt. Der Kündigende muss dem anderen Teil auf Verlangen den Kündigungsgrund unverzüglich schriftlich mitteilen.

Was aber ist nun ein wichtiger Grund?

Diese Frage kann man nicht pauschal beantworten und schon gar nicht nach bestimmten Formeln bestimmen. Vielmehr gibt es in der Praxis typische Sachverhalte, die an sich geeignet sind, einen wichtigen Grund darzustellen. Die Rechtsprechung konkretisiert den wichtigen Grund durch eine abgestufte Prüfung. Auf der ersten Stufe wird geprüft, ob ein bestimmter Sachverhalt an sich geeignet ist, einen wichtigen Grund abzugeben. Ist das der Fall, wird auf der zweiten Stufe untersucht, ob die konkrete Kündigung nach einer Interessenabwägung unter Berücksichtigung aller Besonderheiten des Einzelfalls als gerechtfertigt angesehen werden kann. Das ist nur der Fall, wenn die außerordentliche Kündigung die unausweichlich letzte Maßnahme (ultima ratio) ist, d.h., wenn mildere Mittel wie Abmahnung, Versetzung, außerordentliche Änderungskündigung, ordentliche Beendigungskündigung, unzumutbar sind. Obwohl damit jeder Einzelfall genau betrachtet werden muss, gibt es aus vielen Gerichtsentscheidungen Beispiele, die zu einer außerordentlichen Kündigung geführt haben und gerichtlichen Bestand hatten.

Liste von Bespielen, bei denen arbeitsgerichtlich eine außerordentliche Kündigung als nachvollziehbar befunden wurde:

- Diebstahl oder Unterschlagung zum Nachteil des Arbeitgebers oder von Kollegen
- Schwere Beleidigungen oder Tätlichkeiten oder sexueller Belästigungen während der Arbeitszeit
- Krankmeldung mit „Ansage"
- Schmiergeldannahme (schwerer Verstoß gegen Compliance-Richtlinien)
- Eigenwilliger Urlaubsantritt ohne Genehmigung
- Beleidigungen oder Verleumdungen
- Manipulation an der Stempelkarte (Zeiterfassung)
- Spesenbetrug

Wie man sieht, gibt es schon sehr viele Beispiele, die aber bei weitem nicht abschließend sind. Es gibt sicherlich in der Praxis noch anders gelagerte Kündigungsgründe. Letztlich geht es bei einer Kündigung dann eher darum, dass man das Fehlverhalten beweisen kann und dass man alle anderen Möglichkeiten ausgeschöpft hat, sofern dies noch möglich war.

Wichtig ist auch noch der Beurteilungszeitpunkt, denn der wichtige (außerordentliche) Grund muss zum Zeitpunkt des Ausspruchs der Kündigung vorliegen. Außerdem muss der Arbeitgeber die Tatsachen auch beweisen können (Darlegungs- und Beweislast). Der Arbeitnehmer kann seinerseits Gründe für sein Handeln oder Nichthandeln haben, die der Arbeitgeber berücksichtige muss, was man zusammenfassend Rechtfertigungs- oder Entschuldigungsgründe nennt.

Kündigt der Arbeitgeber, z.B. wegen des Verdachts des Arbeitszeitbetrugs, muss er dies beweisen können. Hat der Arbeitnehmer für das Geschehene eigene Erklärungs- und/oder Entschuldigungsansätze, muss der

Arbeitgeber auch diese widerlegen können. Und letztlich muss der Arbeitgeber die sogenannte Interessenabwägung vornehmen, d.h. die beiderseitigen Interessen sind gegeneinander abzuwägen, also gegenüberzustellen. Dabei sind einige Dinge gegenüberzustellen und gegeneinander abzuwägen.

Die Art und die Schwere der Verfehlung, die Wiederholungsgefahr, der Grad des Verschuldens, das Lebensalter des Arbeitnehmers, anderweitige persönliche Umstände des Arbeitnehmers (z.B. Unterhalspflichten, Dauer der Betriebszugehörigkeit, letztere auch bei Vermögensdelikten zum Nachteil des Arbeitgebers), Folgen der Auflösung des Arbeitsverhältnisses und schließlich auch noch die Größe des Unternehmens.

Die Voraussetzungen für die Unzumutbarkeit der Weiterbeschäftigung muss sich also aus dieser Abwägung herleiten lassen. Oftmals scheitert genau an diesem Punkt die gerechtfertigte Kündigung. Nach dem ebenfalls schon genannten „ultima ratio-Prinzip" müssen andere (mildere) Mittel geprüft worden sein. Hierzu zählt auch die Abmahnung.

Pflichtwidrigkeiten im Arbeitsverhältnis müssen grundsätzlich abgemahnt werden, ehe sie zum Anlass einer fristlosen Kündigung genommen werden können. Besonders schwere Verstöße bedürfen jedoch keiner Abmahnung, weil der Arbeitnehmer nicht mit einer Billigung seines Verhaltens rechnen kann und er sich bewusst sein muss, seinen Arbeitsplatz zu verlieren.

Auch für diesen Fall habe ich ein Beispiel aus meiner Praxis: Auf einer betrieblich veranlassten Weihnachtsfeier wurde natürlich auch Alkohol konsumiert. Zwei Mitarbeiter sind irgendwie in Streit geraten und zunächst verbal aufeinander losgegangen. Nach einer hitzigen Diskussion hat einer der Kollegen einen Bierkrug zerbrochen und mit einem verbleibenden scharfen Teil des Glases seinen vermeintlichen Kontrahenten am Hals in der Nähe der Hauptschlagader schwer verletzt. Der verletzte Kollege hatte sehr viel Glück, denn die Hauptschlagader wurde nicht getroffen. Dennoch musste er als Notfallpatient ins Krankenhaus.

Dieser Fall gestaltet sich relativ klar: Der Mitarbeiter hat auf einer vom Arbeitgeber veranlassten Betriebsfeier einen Kollegen schwer verletzt. Die vorangegangene verbale Auseinandersetzung war vielleicht für seine Tat entscheidend, ist aber kein rechtlicher Entschuldigungsgrund. Eine Abmahnung wäre hier nicht als Mittel der Wahl ausreichend gewesen, da es durch das Handeln des Mitarbeiters unzumutbar wurde, ihn weiter im Unternehmen zu beschäftigen. Auch eine Versetzung wäre nicht möglich gewesen, da das Vertrauen in die Integrität des Handelns nicht mehr gegeben war. Keiner Führungskraft im Haus hätte man diese Verantwortung aufbürden können.

Die fristlose Kündigung war unausweichlich und musste ausgesprochen werden. Allerdings konnten wir uns mit dem Rechtsberater des gekündigten Arbeitnehmers außergerichtlich auf eine Aufhebung des Vertrages einigen, was an der Stelle zumindest für die Vita des Mitarbeiters besser aussah.

Da das Kündigungsverfahren per se schon eine große Herausforderung an einen Personalverantwortlichen darstellt, möchte ich in einem Unterkapitel das Prozedere besser vorstellen:

Die Kündigung eines Arbeitsverhältnisses

Das Arbeitsverhältnis genießt im Rechtsverkehr der BRD einen besonders geschützten Status. Anders als z.B. in den USA, ist es in der BRD nicht willkürlich möglich, Arbeitsverhältnisse einseitig und schon gar nicht grundlos aufzuheben.

Die große Anzahl an entsprechenden Schutzgesetzen für den Arbeitnehmer, wie z.B. das Kündigungsschutzgesetz (KSchG), das Entgeltfortzahlungsgesetz (EFZG), das Bundesurlaubsgesetz (BurlG), das Tarifvertragsgesetz (TVG), das Bundes-Elternzeitgesetz (BEEG) oder das Allgemeine Gleichbehandlungsgesetz (AGG), sind alle dazu geeignet, dem abhängig Beschäftigten (Arbeitnehmer) gegenüber seinem Arbeitgeber Rechte einzuräumen. Diese Rechte gehören in der BRD u.a. zur sozialen Marktordnung. Viele Rechte davon haben sogar eine sehr lange Vergangenheit auf dem Weg zur Industrialisierung der Märkte.

Überall dort, wo der Staat bestimmte Rechte gesetzlich verbrieft, gibt es natürlich auch kleinere Schattenseiten. So kommt es in der Praxis eben auch vor, dass der im Rechtsverkehr so wichtige Ausgleich von Geben und Nehmen in ein Ungleichgewicht gerät. Leistung und Gegenleistung passen nicht (mehr) zueinander. Gerade im Arbeitsverhältnis muss dann irgendwann die Frage geklärt werden, unter welchen Voraussetzungen ein Ende gefunden werden kann.

Zur Klarstellung sei erwähnt, dass derartige Unwuchten von beiden Seiten ausgehen können. Am Arbeitsmarkt tummeln sich auch Arbeitgeber, die immer noch ihre Marktmacht gegenüber meist nicht ausreichend qualifizierten Arbeitnehmern ausnutzen und dadurch mehr nehmen als geben. Da ich mich seit meiner Lehrzeit jedoch im Umfeld des öffentlichen Dienstes bewege und man hier, mit sehr wenigen Einschränkungen, meist faire und sichere Umgebungen hat, möchte ich gerne die vermeintlich andere Seite betrachten, nämlich die, bei der Arbeitnehmer sich nicht an Regeln halten oder bestimmte Verhandlungsweisen überziehen.

Im öffentlichen Dienst gibt es unter den Personalverantwortlichen einen geflügelten Spruch, der lautet: „Bevor man einen Arbeitnehmer im öffentlichen Dienst entlassen kann, muss er schon das Tafelsilber gestohlen haben."

Ganz so krass ist es zwar nicht, aber es ist tatsächlich etwas dran. Vor allem wenn der Arbeitnehmer noch einen besonderen Kündigungsschutz des alten Tarifrechts des Bundeangestelltentarifvertrages (BAT) besitzt, sind die rechtlichen Hürden für den Arbeitgeber sehr hoch. Denn in einem solchen Fall kann der Arbeitgeber nur noch außerordentlich kündigen und hierzu sind die Voraussetzungen sehr streng.

Ich werde nun mal versuchen, so eine Kündigungssituation näher zu beschreiben. Dazu muss man wissen, dass es in Abhängigkeit zum Kündigungsgrund entweder eine fristgerechte oder sogar eine außerordentliche (auch fristlose) Kündigung ist. Und es muss noch unterschieden werden, ob der Arbeitgeber tatsächlich den Kündigungsgrund unmittelbar beweisen kann (meist meint er nur, dass er es kann) und dadurch eine Tatsachenkündigung ausspricht oder nur den Verdacht hat und dadurch eine Verdachtskündigung ausspricht.

Bei einer Tatkündigung steht fest, welcher Pflichtverstoß vorliegt und er ist bewiesen. Entweder der Arbeitgeber hat rechtskräftige Beweise (z.B. aus polizeilichen Ermittlungen) oder der Arbeitnehmer hat die Tat zugegeben.

In der Praxis bekommt der Personalentscheider leider meist keinen „Bilderbuchfall", den man nach den bekannten Regeln abarbeiten kann. Auch ist zu Beginn oft nicht klar, ob man alles lückenlos beweisen kann oder ob es letztlich nur gravierende Indizien sind. Stellen

Sie sich vor, der Arbeitgeber hat aufgrund detaillierter Hinweise von einer größeren Anzahl von Mitarbeitern einen Verdacht gegen einen bestimmten Mitarbeiter, er habe Geld zum Nachteil des Arbeitgebers unterschlagen. Anhand von deckungsgleichen Aussagen der Mitarbeiter und auch anhand von Aufzeichnungen gibt es schnell belastende Indizien, jedoch keine zwingenden Beweise. Gäbe es nun keine Möglichkeit, das Arbeitsverhältnis trotzdem zu beenden, wäre der Arbeitgeber einer Situation ausgesetzt, die nicht tragbar wäre. Aus diesem Grund hat die Rechtsprechung des BAG die Verdachtskündigung als gängiges Modell bestätigt, wobei bestimmte Vorgaben gemacht wurden.

Vor jeder Verdachtskündigung muss der Arbeitnehmer angehört werden. Es soll verhindert werden, dass es einen vermeintlich Unschuldigen trifft. Neben der vorherigen Anhörung ist der Arbeitgeber außerdem verpflichtet alles zu tun, um den Sachverhalt aufzuklären. In der Anhörung muss konkret dargelegt werden, was dem Arbeitnehmer vorgeworfen wird (Stichwort: Was, Wann und Wie). Daneben muss dem Arbeitnehmer sogar Zeit bleiben, um zu einer vernünftigen Aufklärung beizutragen oder eine Stellungnahme abgebe zu können. Für die Zeit, die der Arbeitgeber benötigt, um Aufklärungsarbeit zu leisten (ggf. mit Frist zur Stellungnahme für den Arbeitnehmer), hemmt die 2-Wochen-Frist, innerhalb derer er kündigen muss.

Bei einer Verdachtskündigung ist es in der Regel auch nicht notwendig, dass der Arbeitnehmer vorher schon einmal abgemahnt wurde, denn gerade darin besteht der Sinn: Der Verdacht einer personenbedingten Tat ist si gravierend, dass der Arbeitnehmer nicht mehr tragbar ist. Die Wirkung einer Abmahnung, nämlich das Aufzeigen eines Fehlverhaltens mit der Möglichkeit der

Besserung, ist hier nicht mehr gegeben. Das BAG hat immer wieder herausgestellt, dass vier Voraussetzungen vorliegen müssen:

1. Der Verstoß muss erheblich sein
2. Der Verdacht muss sehr gut untermauert sein
3. Es darf kein milderes Mittel geben (z.B. Versetzung, Änderungskündigung, o.ä.)
4. Die Interessen des Arbeitgebers zur Beendigung müssen stärker wiegen als die des Arbeitnehmers (Interessenabwägung)

In der Praxis ist es oftmals angebracht, eine Variation mehrerer Kündigungsmöglichkeiten zu vollziehen, um entweder Auffangtatbestände zu schaffen, falls eine der Kündigungen scheitert oder aber auch, um bereits eine Rechtsfolge zu erzeugen, die prozessual eine Lösungsoption zulässt. Auf diese Möglichkeiten möchte ich hier nicht näher eingehen, sind sie doch die Königsdisziplin eines jeden Fachjuristen. Und genau einen solchen sollte man auch in speziellen Kündigungsfällen um Rat fragen.

Sofern ein Betriebsrat besteht, muss dieser gemäß § 102 BetrVG vor Ausspruch der Kündigung angehört werden. Dabei muss der Betriebsrat im Falle einer erweiterten Kündigung (z.B. fristlos und ersatzweise fristgerecht mit sozialer Auslauffrist) jeweils separat angehört werden. Er sollte hierauf auch jeweils einzeln antworten. Die Anhörung muss so verfasst sein, dass sich der Betriebsrat ein gutes Bild zu den Gründen machen kann. In allen praktischen Fällen, in denen ich Kündigungsanhörungen gem. § 102 BetrVG an den Betriebsrat geben musste, habe ich zur schriftlichen Anhörung immer meine Anwesenheit im Gremium angeboten, um alle Fragen direkt beantworten zu können. „Reden und erklären hilft!"

9. Das Outplacement

Wikipedia definiert das Outplacement folgendermaßen (Quelle: Wikipedia.de 2018):

Die Begriffe Outplacement bzw. Außenvermittlung bezeichnen eine von Unternehmen finanzierte Dienstleistung für ausscheidende Mitarbeiter, die als professionelle Hilfe zur beruflichen Neuorientierung angeboten wird, bis hin zum Abschluss eines neuen Vertrages oder einer Existenzgründung.

Wichtig dabei ist die Tatsache, dass die Beendigung des Arbeitsverhältnisses zwar die Beschäftigung beendet, aber nicht die Existenz.

Diese Beschreibung liest sich sehr harmlos, ist es jedoch in der Realität leider nicht. Die Umstände eines Outplacements sind oftmals weniger schön und sehr emotional. Der Auslöser für eine derartige Außenvermittlung geht in der Regel einher mit Differenzen zwischen Leitern in den oberen Führungsebenen mit ihren unterstellten Führungskräften oder mit Leistungsdefiziten derselben. Manchmal sind es auch unterschiedliche Strategieansätze zwischen oberem und mittlerem Management, welche letztlich dazu führen, dass andere Möglichkeiten keinen Sinn mehr haben. Häufig entsteht die Notwendigkeit auch bei einem Wechsel bei der Unternehmens-führung.

Ich selbst habe einige Outplacements initiiert und begleitet. In allen Fällen wurden gute Lösungen gefunden, so dass der Mitarbeiter wieder adäquat beschäftigt werden konnte. Am Markt der Personaldienstleister findet man unzählige Anbieter für die Durchführung von Outplacements. Ohne eine externe Unterstützung ist es überhaupt nicht möglich, einen geordneten Ausstieg für einen Mitarbeiter zu arrangieren. Es ist jedoch sehr wichtig, sich vorher Referenzen einzuholen und sich die Vorgehensweise genau anzuschauen. Außerdem muss der betroffenen Mitarbeiter beteiligt werden, idealerweise kann er sich den Dienstleister selbst wählen. Die Honorarspanne bei guten Outplacements liegt schon mal zwischen 15.000 EUR und 25.000 EUR.

Wie kommt es überhaupt zu einer solchen Situation?

Das werde ich nun anhand eines Beispiels zu erklären versuchen: Ein Ingenieur ist seit 15 Jahren bei einem kommunalen Stadtwerk beschäftigt, er ist 45 Jahre alt und leitet seit 5 Jahren eine Abteilung (2. Führungsebene). Er ist anerkannter Fachmann auf seinem Gebiet, musste bislang jedoch nie strategische Entscheidungen treffen und war eher eine unauffällige, zurückhaltende Führungskraft. In operativen Dingen hingegen konnte er gute Ergebnisse erzielen.

Nun ändern sich die Vorzeichen: Ein neuer Geschäftsführer wird bestellt. Dieser organisiert die Technik neu und fordert nun alle Abteilungsleiter aktiv auf, strategische Verantwortung zu übernehmen. Außerdem werden neue Technologien eingeführt, die auch die Prozesse der Abteilung des betroffenen Abteilungsleiters berühren. Er müsste nun aktiv seine Mitarbeiter führen, um dies Veränderung steuern zu können. Da er weder in Strategie noch in Führung die besten Kompetenzen besitzt, fällt bald auf, dass sich seine Abteilung wenig bewegt. Es gibt viele Gespräche mit seinem neuen Chef, er erhält die Möglichkeit eines Coachings und besucht verschiedene Trainings, aber es tritt keine Besserung der Situation ein. Überdies überwirft er sich mit seinem Chef und auch mit Kollegen aus der Führungsebene und sogar mit seinen Mitarbeitern. Die Situation wird also immer aussichtsloser.

Arbeitsrechtlich betrachtet könnte man in einem solchen Fall über eine Low Performance-Beendigungskündigung oder Änderungskündigung nachdenken. Da der Mitarbeiter jedoch schon sehr lange im Unternehmen ist und eine Low Performance-Kündigung hohe Maßstäbe setzt (vgl. das betreffende Kapitel zu diesem Thema), erscheint dieser Ansatz hier fehl am Platz. Und hier kommt die Möglichkeit des Outplacements ins Spiel.

Nach meinen praktischen Erfahrungen und auch nach Meinung vieler Experten auf diesem Gebiet, sind folgende Dinge für das Gelingen sehr wichtig:

1. Offenheit: Dem betroffenen Mitarbeiter muss klargemacht werden, dass es keine anderen Möglichkeiten mehr gibt und dies ohne „um den heißen Brei herumzureden". Es muss klar sein, dass es ein Ende geben muss und nur noch darüber zu reden ist, wann und wie.

2. Akzeptanz durch den Mitarbeiter: Erst wenn der Mitarbeiter akzeptiert, dass dies die einzige Variante ist, kann über ein Outplacement geredet werden.

3. Suche des Dienstleisters: Der Mitarbeiter muss aktiv bei der Suche nach dem richtigen Dienstleiser eingebunden werden, gerne kann er selbst einen wählen. An der Stelle kann er natürlich auch komplett auf ein Outplacement verzichten, um z.B. seine Abfindungszahlung zu erhöhen.

4. Kommunikation: Die Kommunikation im Unternehmen muss klar geregelt sein. Man findet dafür meist eine geeignete Story, die verbreitet wird.

Im Outplacement durchläuft der Mitarbeiter mehrere Stationen, die alle dazu geeignet sind, ihn auf dem Arbeitsmarkt attraktiver zu machen. Derartige Aktionen können sein:

- Coaching
- Karriereberatung
- Bewerbungsstrategien
- Potenzialanalyse
- Rhetoriktraining
- Präsentationen
- Motivationstraining
- Übung von Vorstellungsgesprächen
- Kommunikationstraining
- Businessverhalten

Die Experten der Dienstleister haben sicherlich noch mehr zu bieten, insofern sind hier sicherlich noch andere Dinge ergänzbar.

10. Die betriebliche Mitbestimmung

Zu Beginn möchte ich dem Leser einen Überblick zur betrieblichen Mitbestimmung geben. Wirtschaftslexikon24.de hat dafür eine tolle Zusammenstellung (Quelle Wirtschaftslexikon24.de 2018):

Die betriebliche Mitbestimmung ergibt sich aufgrund des Betriebsverfassungs-gesetzes. Betriebliche Mitbestimmung ist die Teilhabe der Arbeitnehmer bzw. ihres Vertretungsorgans an für sie bedeutsamen personellen, sozialen und organisatorischen Entscheidungen, die innerhalb des Betriebes anfallen. Rechtsgrundlage der betrieblichen Mitbestimmung ist das Betriebsverfassungsgesetz (BetrVG) vom 15.01.1972. Sein Geltungsbereich erstreckt sich nur auf Betriebe der Privatwirtschaft mit in der Regel fünf ständigen zur Wahl des Betriebsrates berechtigten Arbeitnehmern, von denen drei wählbar sind (§ 1 BetrVG). Der Betriebsrat ist im Rahmen der Betriebsverfassung das wichtigste Vertretungsorgan der Belegschaft. Er wird in geheimer und unmittelbarer Wahl regelmäßig für drei Jahre gewählt, die Zahl seiner Mitglieder ist abhängig von der Zahl der im Betrieb Beschäftigten. Betriebsratsmitglieder genießen aufgrund der Bedeutung ihrer Arbeit für den Betrieb einen besonderen Schutz, so ist z. B. eine ordentliche Kündigung ihres Arbeitsverhältnisses unzulässig. Neben dem Betriebsrat hat das BetrVG im Interesse einer umfassenden Vertretung der Arbeitnehmer weitere Gremien geschaffen, u. a. die Betriebsversammlung, die mindestens einmal im Vierteljahr zur Information aller Arbeitnehmer einzuberufen ist; den Wirtschaftsausschuss, der in Betrieben mit mehr als 100 ständigen Arbeitnehmern vom Betriebsrat zu bilden ist und die

Einigungsstelle, die sich nach § 76 BetrVG paritätisch aus Arbeitgeber- und Arbeitnehmervertretern zusammensetzt und im Falle von Meinungsverschieden-heiten eine Schlichtung herbeiführen soll. Die aus dem BetrVG ableitbaren Beteiligungsrechte der Arbeitnehmer (deren Ausübung dem Betriebsrat obliegt) sind in ihrer Wirksamkeit abgestuft: als schwächste Form gilt der Anspruch auf Unterrichtung, gefolgt von den Mitwirkungsrechten der Anhörung und Beratung; stärkste Form der Beteiligung sind die Mitbestimmungsrechte, nach denen die Zustimmung des Betriebsrates zur Voraussetzung für die Zulässigkeit einer Arbeitgebermaßnahme wird. Im Einzelnen ist eine Beteiligung des Betriebsrates (mit jeweils unterschiedlichen Mitbestimmungsintensitäten) im Bereich sozialer Angelegenheiten einschließlich des Arbeitsschutzes und der Arbeitssicherheit (§§ 87-89 BetrVG), bei der Gestaltung von Arbeitsplatz, Arbeitsablauf und Arbeitsumgebung (§§ 90, 91 BetrVG) und bei personellen Angelegenheiten, z. B. bei Kündigungsmaßnahmen (§§ 92-105 BetrVG), vorgesehen.

Zusammenfassend möchte ich nun die wichtigsten Punkte aus dem BetrVG zusammenstellen. Hierzu nutze ich meine praktischen Erfahrungen und zähle nur die Tatbestände auf, die meines Erachtens von Relevanz sind.

§ 5 Arbeitnehmer

Arbeitnehmer im Sinne des Gesetzes sind alle Beschäftigten, die im Unternehmen tätig sind. Ausgenommen von den Regelungen des BetrVG sind jedoch leitende Angestellte, die im Gesetz auch definiert sind. Zu diesem Thema findet man in der Fachliteratur eine Unmenge von Verlautbarungen und dies kommt auch nicht von ungefähr. Es ist nämlich wirklich kein einfaches Unterfangen, den leitenden Angestellten genau zu beschreiben. Ich mache an der Stelle auch erst gar nicht den Versuch dies mit wenigen Worten bestmöglich zu beschreiben, denn das funktioniert nicht. Daher widme ich mich an der Stelle lieber den Auswirkungen und der manchmal in der Praxis sträflich angewandten Umsetzung dieser Gesetzespassagen. Im Fall der gerichtlichen Überprüfung kommt es nicht darauf an, was im Arbeitsvertrag steht. Ich habe in der Praxis schon Fälle erlebt, in denen der Arbeitgeber in die Arbeitsverträge von gut bezahlten Angestellten die Passage aufgenommen hat, dass diese leitende Angestellte im Sine des § 5 BetrVG sind. Meist hat der Arbeitgeber damit erreichen wollen, dass der normale Arbeitnehmerstatus ausgegrenzt wird und so etwa die 10 Stunden-Grenze für die Maximalarbeitszeit pro Tag nicht gilt. Tatsache ist, dass bei einer gerichtlichen Überprüfung die Prüfmaßstäbe des § 5 BetrVG insofern erfolgen, als dass die tatsächlichen Verhältnisse hinterfragt werden.

Ist ein angestellter Arbeitnehmer tatsächlich leitender Angestellter (z.B. ein Prokurist im Sinne des § 5 Abs. 3 Nr. 2 BetrVG), so fällt er zuerst einmal nicht mehr unter den Geltungsbereich des BetrVG, d.h. für ihn gelten Regeln aus Betriebsvereinbarungen nicht mehr, zumindest solange nicht bis es vertraglich bedungen wird.

Darüber hinaus gelten für ihn nicht mehr die Arbeitnehmerschutzgesetze wie beispielsweise das Arbeitszeitgesetz. Auch im Bereich des Kündigungsschutzes hat er das Nachsehen, denn im Falle einer Kündigungsschutzklage (die natürlich immer noch möglich ist), geht es nicht mehr um die Wiedereinstellung, sondern nur noch um die Höhe der Abfindungszahlung. Zyniker sagen dazu meist, es gibt kein „Come back ticket" mehr.

§ 37 Ehrenamtliche Tätigkeit, Arbeitsversäumnis

Zu dieser gesetzlichen Vorschrift gibt es in der Praxis drei öfter anzuwendende Tatbestände.

1. Die notwendige Freistellung der Betriebsräte zur Erfüllung des Ehrenamtes, was die Betriebsratstätigkeit per se nämlich ist.

2. Die Tatsache, dass betriebsbedingte Mehrarbeitsstunden, die durch das Ehrenamt entstehen, binnen eines Monats als bezahlte Freizeit auszugleichen oder falls dies nicht möglich ist, zu vergüten sind. Während diese Regelung bei voll freigestellten Betriebsräten ohne Probleme angewandt werden kann, ist dies bei teilweise freigestellten Betriebsräten eher schwierig, da diese Stunden mit der normalen Arbeitsleistung verschmelzen. Wir haben dies im Unternehmen sehr praktikabel gelöst: Jeder Betriebsrat, ob voll oder teilweise freigestellt, fällt unter die Betriebsvereinbarung zur Rahmenarbeitszeit. Hier ist der Auf- und Abbau für Mehrarbeit mit einem Ampelkonto geregelt, das somit auch für die Betriebsräte gilt.

3. Ein sehr diffiziles Thema ist die vermeintliche Entwicklung des Entgelts von voll freigestellten Betriebsräten. Nach den Vorschriften dieses Paragraphen darf das Entgelt eines Betriebsrates nicht geringer sein, als das eines vergleichbaren Arbeitnehmers mit betriebsüblicher Entwicklung. Damit soll natürlich verhindert werden, dass ein Betriebsrat durch das Ehrenamt finanziell abgehängt wird. Er kann z.B. keine speziellen Weiterbildungen für Tätigkeiten außerhalb der Betriebsratsarbeit durchführen oder er bewirbt sich als freigestellter Betriebsrat oftmals nicht auf besser dotierte Stellen. Der Ar-

beitgeber sollte hier ein gutes Augenmaß behalten, dieses Thema also nicht zu sehr vernachlässigen, aber sicherlich sollte dies auch nicht dazu führen, dass fadenscheinige Vergleiche gezogen werden und dadurch ein überzogenes Ergebnis herauskommt. Man erinnere sich bitte an den peinlichen Vorfall im Volkswagenkonzern in den 90er Jahren, als die Betriebsräte in Südamerika unterwegs waren und ausschweifende Partys auf VW-Kosten feierten. Damals wurde auch publik, dass der damalige Vorsitzende des Betriebsrates, Klaus Volkert, ein Gehalt bezog, das dem eines Vorstands vergleichbar war. Hier wurde definitiv § 37 extrem weit ausgelegt. Gerne stelle ich hier auch ein Beispiel vor, wie es absolut in Ordnung und nachvollziehbar ist: Ein Betriebsrat in einem großen Nahverkehrsbetrieb war vor seiner Vollfreistellung als leitender Verkehrsmeister eingesetzt. Er war vor seiner Freistellung bereits aufgabengerecht eingruppiert. Nachvollziehbar ist es, dass ein leitender Verkehrsmeister in der Regel nach maximal fünf Jahren Teamleiter wird, was mit einer Höhergruppierung einhergeht. Im Vergleich zu dieser fast „normalen" Standardentwicklung ist auch die Anpassung der Eingruppierung des Betriebsrates vorzunehmen.

§ 43 Regelmäßige Betriebs- und Abteilungsversammlungen

Der Betriebsrat hat einmal in jedem Kalendervierteljahr eine Betriebsversammlung einzuberufen und in ihr einen Tätigkeitsbericht zu erstatten. Diese sind eine wichtige Informationsplattform für die Belegschaft. Es gibt im Grunde immer spannende Themen, die es wert sind, berichtet zu werden. Ich selbst habe derartige Versammlungen oftmals schon als aktiver Teilnehmer im Auftrag oder nach Einladung des Betriebsrates mit sehr vielen Redebeiträgen begleiten dürfen. Der Personalleiter hat meines Erachtens ohnehin den Auftrag bei Betriebsversammlungen das Bindeglied zwischen Belegschaft, Betriebsrat und der Geschäftsführung zu sein.

§ 74 Grundsätze für die Zusammenarbeit

Den Grundsatz der vertrauensvollen Zusammenarbeit zwischen den Betriebsparteien umschreibt das BetrVG so:

Arbeitgeber und Betriebsrat sollen mindestens einmal im Monat zu einer Besprechung zusammentreten. Sie haben über strittige Fragen mit dem ernsten Willen zur Einigung zu verhandeln und Vorschläge für die Beilegung von Meinungsverschiedenheiten zu machen.

Der gesetzliche Auftrag ist damit klar. Arbeitgeber und Betriebsrat sollten immer eine gemeinsame Basis finden, um Streitigkeiten beizulegen. Dies ist im Sinne eines reibungslosen Betriebsablaufs auch völlig nachvollziehbar. Ich selbst habe eine Zeit im Unternehmen erlebt, zu der die beiden Parteien mehr mit sich selbst beschäftigt waren als die anstehenden Probleme zu lösen. Die Folge war, dass grundlegende Entscheidungen und Neuausrichtungen nicht stattgefunden haben und das Unternehmen stillstand. Nur ein extremer Neuanfang mit neuer Geschäftsführung brachte damals den notwendigen Umbruch. Seither ist es auch völlig normal, dass die Betriebsparteien sich gemeinsam zu den Unternehmenszielen und den dafür notwendigen Maßnahmen austauschen. Hierbei wird auch nicht jeder Paragraph des BetrVG auf die Goldwaage gelegt, sondern oftmals im Rahmen der möglichen Grenzen Gemeinsamkeiten gefunden.

Einen besonderen Rat an Geschäftsführer und Vorstände habe ich natürlich in Bezug auf die Zusammenarbeit mit dem Betriebsrat:

Die Rechte des Betriebsrats aus dem BetrVG sollten als Leitplanken dienen, um gemeinsam mit dem Betriebsrat die Unternehmensgeschicke zu führen. Weder Drohgebärden noch anderweitige negative Emotionen helfen bei der Lösung betrieblicher Probleme. Und schon gar nicht sollte eine Geschäftsführung ständiger Gast beim Arbeitsgericht zur Ersatzzustimmung oder zur Einigungsstelle sein.

§ 77 Durchführung gemeinsamer Beschlüsse, Betriebsvereinbarungen

Betriebsvereinbarungen sind von Betriebsrat und Arbeitgeber gemeinsam zu beschließen und schriftlich niederzulegen und von beiden Seiten zu unterzeichnen. Betriebsvereinbarungen werden in erzwingbare (obligatorische) und freiwillige Betriebsvereinbarungen unterteilt. In mitbestimmungspflichtigen Angelegenheiten (z.B. in sozialen Angelegenheiten gem. § 87 BetrVG), für die das Betriebsverfassungsgesetz abschließend bestimmt, dass der Spruch der Einigungsstelle die Einigung zwischen Arbeitgeber und Betriebsrat ersetzt, können erzwingbare Betriebsvereinbarungen abgeschlossen werden. Das bedeutet, dass sowohl der Arbeitgeber als auch der Betriebsrat gegen den Willen der jeweils anderen Seite eine Regelung durch einen Spruch der Einigungsstelle zwangsweise herbeiführen kann, wenn eine einvernehmliche Lösung zwischen ihnen nicht möglich ist.

Betriebsvereinbarungen sind ein probates Mittel, kollektiv für eine Vielzahl von Mitarbeitern verbindliche Regelungsinhalte zu schaffen. Wir haben bei uns im Unternehmen relativ viele Betriebsvereinbarungen abgeschlossen. Diese haben ihre Wirkung sowohl in erzwingbare, als auch in freiwillige Regelungsinhalte.

Beispiele:
- Überstunden (erzwingbar)
- Schichtplanung (erzwingbar)
- Videoüberwachung (erzwingbar)
- Dienstkleidung (erzwingbar)
- Sonderzahlungsberechnung (freiwillig)
- Interessenausgleich (erzwingbar)
- Aufwandpauschale (freiwillig)
- Altersteilzeitarbeit (freiwillig)
- Mitarbeitergespräche (freiwillig)
- Auswahlkriterien Ausbildung (erzwingbar)
- Nutzung Mitarbeiterverpflegung (freiwillig)
- Urlaubsplan (erzwingbar)
- Freistellungen aufgrund Öffnungsklausel im Tarifvertrag (freiwillig)

Die normativen Regelungen einer Betriebsvereinbarung wirken unmittelbar, d.h. sie wirken wie ein Gesetz ("Gesetze des Betriebs") auf die Arbeitsverhältnisse und gestalten den Inhalt der Arbeitsverhältnisse unmittelbar (automatisch), ohne dass es auf Billigung oder Kenntnis der Arbeitnehmer ankommt und sie wirken zwingend, d.h. sie dürfen nicht durch einzelvertragliche Absprachen zwischen Arbeitgeber und Arbeitnehmer zu deren Ungunsten verändert werden.

Betriebsvereinbarungen sind wegen ihres normativen Charakters wie Tarifverträge und Gesetze auszulegen. Auszugehen ist danach vom Wortlaut der Bestimmungen und dem durch ihn vermittelten Wortsinn. Abzustellen ist ferner auf den Gesamtzusammenhang und die Systematik der Regelungen. Im Zweifel gebührt derjenigen Auslegung der Vorzug, die zu einem sachgerechten, zweckorientierten, praktisch brauchbaren und gesetzeskonformen Verständnis der Bestimmung führt (Rechtsauslegungsgedanke).

Betriebsvereinbarungen dürfen nicht gegen Gesetze, Rechtsverordnungen oder den Tarifvertrag verstoßen. Sieht z.B. der Tarifvertrag eine Wochenarbeitszeit für einen Vollbeschäftigten von 40 Stunden pro Woche vor, darf eine Betriebsvereinbarungen diese Zeiten nicht verändern (weder nach oben noch nach unten).

§ 80 Allgemeine Aufgaben

Der Wortlaut dieser Gesetzespassage muss eigentlich gar nicht weiter erklärt werden:

Der Betriebsrat hat folgende allgemeine Aufgaben:

1. Darüber zu wachen, dass die zugunsten der Arbeitnehmer geltenden Gesetze, Verordnungen, Unfallverhütungsvorschriften, Tarifverträge und Betriebsvereinbarungen durchgeführt werden;

2. Maßnahmen, die dem Betrieb und der Belegschaft dienen, beim Arbeitgeber zu beantragen;

   2a. Die Durchsetzung der tatsächlichen Gleichstellung von Frauen und Männern, insbesondere bei der Einstellung, Beschäftigung, Aus-, Fort- und Weiterbildung und dem beruflichen Aufstieg, zu fördern;

   2b. Die Vereinbarkeit von Familie und Erwerbstätigkeit zu fördern;

3. Anregungen von Arbeitnehmern und der Jugend- und Auszubildendenvertretung entgegenzunehmen und, falls sie berechtigt erscheinen, durch Verhandlungen mit dem Arbeitgeber auf eine Erledigung hinzuwirken; er hat die betreffenden Arbeitnehmer

über den Stand und das Ergebnis der Verhandlungen zu unterrichten;

4. Die Eingliederung schwerbehinderter Menschen einschließlich der Förderung des Abschlusses von Inklusionsvereinbarungen nach § 83 des Neunten Buches Sozialgesetzbuch und sonstiger besonders schutzbedürftiger Personen zu fördern;

5. Die Wahl einer Jugend- und Auszubildendenvertretung vorzubereiten und durchzuführen und mit dieser zur Förderung der Belange der in § 60 Abs. 1 genannten Arbeitnehmer eng zusammenzuarbeiten; er kann von der Jugend- und Auszubildendenvertretung Vorschläge und Stellungnahmen anfordern;

6. Die Beschäftigung älterer Arbeitnehmer im Betrieb zu fördern;

7. Die Integration ausländischer Arbeitnehmer im Betrieb und das Verständnis zwischen ihnen und den deutschen Arbeitnehmern zu fördern sowie Maßnahmen zur Bekämpfung von Rassismus und Fremdenfeindlichkeit im Betrieb zu beantragen;

8. Die Beschäftigung im Betrieb zu fördern und zu sichern;

9. Maßnahmen des Arbeitsschutzes und des betrieblichen Umweltschutzes zu fördern.

§ 85 Behandlung von Beschwerden durch den Betriebsrat

Dieser „Beschwerdeparagraph" beschreibt eigentlich nur das, was mehr als logisch erscheint und außerdem im allgemeinen Verständnis anerkannte Praxis ist. Wenn ein Mitarbeiter der Meinung ist, dass irgendetwas nicht „in Ordnung" ist, kann er sich beim Betriebsrat beschweren. Der Betriebsrat wird dann nach Prüfung der Angelegenheit versuchen, die Sache mit dem

Arbeitgeber zu klären.

§ 87 Mitbestimmungsrechte

Der Gesetzestext lautet:

Der Betriebsrat hat, soweit eine gesetzliche oder tarifliche Regelung nicht besteht, in folgenden Angelegenheiten mitzubestimmen:

1. Fragen der Ordnung des Betriebs und des Verhaltens der Arbeitnehmer im Betrieb;
2. Beginn und Ende der täglichen Arbeitszeit einschließlich der Pausen sowie Verteilung der Arbeitszeit auf die einzelnen Wochentage;
3. Vorübergehende Verkürzung oder Verlängerung der betriebsüblichen Arbeitszeit;
4. Zeit, Ort und Art der Auszahlung der Arbeitsentgelte;
5. Aufstellung allgemeiner Urlaubsgrundsätze und des Urlaubsplans sowie die Festsetzung der zeitlichen Lage des Urlaubs für einzelne Arbeitnehmer, wenn zwischen dem Arbeitgeber und den beteiligten Arbeitnehmern kein Einverständnis erzielt wird;
6. Einführung und Anwendung von technischen Einrichtungen, die dazu bestimmt sind, das Verhalten oder die Leistung der Arbeitnehmer zu überwachen;
7. Regelungen über die Verhütung von Arbeitsunfällen und Berufskrankheiten sowie über den Gesundheitsschutz im Rahmen der gesetzlichen Vorschriften oder der Unfallverhütungsvorschriften;
8. Form, Ausgestaltung und Verwaltung von Sozialeinrichtungen, deren Wirkungsbereich auf den Betrieb, das Unternehmen oder den Konzern beschränkt ist;
9. Zuweisung und Kündigung von Wohnräumen, die den Arbeitnehmern mit Rücksicht auf das Bestehen eines Arbeitsverhältnisses vermietet werden, sowie

die allgemeine Festlegung der Nutzungsbedingungen;

10. Fragen der betrieblichen Lohngestaltung, insbesondere die Aufstellung von Entlohnungsgrundsätzen und die Einführung und Anwendung von neuen Entlohnungsmethoden sowie deren Änderung;

11. Festsetzung der Akkord- und Prämiensätze und vergleichbarer leistungsbezogener Entgelte, einschließlich der Geldfaktoren;

12. Grundsätze über das betriebliche Vorschlagswesen;

13. Grundsätze über die Durchführung von Gruppenarbeit; Gruppenarbeit im Sinne dieser Vorschrift liegt vor, wenn im Rahmen des betrieblichen Arbeitsablaufs eine Gruppe von Arbeitnehmern eine ihr übertragene Gesamtaufgabe im Wesentlichen eigenverantwortlich erledigt.

Mitbestimmung bedeutet, dass die einzelnen Tatbestände nur dann erwirkt werden können, wenn eine Betriebsvereinbarung entweder in gemeinsamer Abstimmung oder durch gerichtliche Entscheidung der Einigungsstelle zustande kommt.

Zum Beispiel möchte der Arbeitgeber, dass alle Mitarbeiter Dienstkleidung tragen (Punkt 1 des § 87). Der Betriebsrat möchte darüber jedoch nicht diskutieren. Dem Arbeitgeber ist diese Sache jedoch sehr wichtig und er ruft die Einigungsstelle an, die diese Angelegenheit dann im Sinne des Arbeitgebers entscheidet. Diese Betriebsvereinbarung erlangt Rechtskraft auch ohne Zutun des Betriebsrats.

Aus meiner Praxis kann ich nur die Empfehlung geben, dass es immer besser ist, eine Betriebsvereinbarung gemeinsam zu erstellen und zu beschließen. Nur so ist es eine „Vereinbarung speziell für und aus dem

Betrieb".

§ 88 Freiwillige Betriebsvereinbarungen
Durch Betriebsvereinbarung können insbesondere geregelt werden

1. Zusätzliche Maßnahmen zur Verhütung von Arbeitsunfällen und Gesundheitsschädigungen;
   1a. Maßnahmen des betrieblichen Umweltschutzes;
2. Die Errichtung von Sozialeinrichtungen, deren Wirkungsbereich auf den Betrieb, das Unternehmen oder den Konzern beschränkt ist;
3. Maßnahmen zur Förderung der Vermögensbildung;
4. Maßnahmen zur Integration ausländischer Arbeitnehmer sowie zur Bekämpfung von Rassismus und Fremdenfeindlichkeit im Betrieb;
5. Maßnahmen zur Eingliederung schwerbehinderter Menschen.

Diese Aufzählung ist nicht abschließend. Jede andere Möglichkeit betrieblichen Regelungsbedarfs wäre denkbar.

§ 90 Unterrichtungs- und Beratungsrechte
Der Arbeitgeber hat den Betriebsrat über die Planung von Neu-, Um- und Erweiterungsbauten von Fabrikations-, Verwaltungs- und sonstigen betrieblichen Räumen,

1. von technischen Anlagen,
2. von Arbeitsverfahren und Arbeitsabläufen oder
3. der Arbeitsplätze
4. rechtzeitig unter Vorlage der erforderlichen Unter-

lagen zu unterrichten.

Diese Vorschrift hat eine klare Richtung. Der Betriebsrat muss sich bei derartigen Planungen des Arbeitgebers rechtzeitig ein Bild davon machen können, welche Auswirkungen diese auf die Mitarbeiter und alle damit verbundenen Umstände haben wird. Plant ein Unternehmen z.B. den Umzug in ein neues Gebäude, so wäre das ein Fall, bei dem der Betriebsrat ein solches Unterrichtungs- und Beratungsrecht hat. Logischerweise muss er sich davon überzeigen können, dass für ein späteres Zustimmungsverfahren im Sinne von § 99 BetrVG alles mit „rechten Dingen zugeht". Dem Arbeitgeber ist dringend zu empfehlen, diese Informationen rechtzeitig einzubringen, da er sonst beim Zustimmungsverfahren sehr wahrscheinlich Probleme bekommen wird. Im schlimmsten Fall geht dann wieder alles auf „Null" und die Planungen müssen von vorne beginnen.

§ 92 Personalplanung

Der Arbeitgeber hat den Betriebsrat über die Personalplanung, insbesondere über den gegenwärtigen und künftigen Personalbedarf sowie über die sich daraus ergebenden personellen Maßnahmen und Maßnahmen der Berufsbildung anhand von Unterlagen rechtzeitig und umfassend zu unterrichten. Er hat mit dem Betriebsrat über Art und Umfang der erforderlichen Maßnahmen und über die Vermeidung von Härten zu beraten.

§ 93 Ausschreibung von Arbeitsplätzen

Der Betriebsrat kann verlangen, dass Arbeitsplätze, die besetzt werden sollen, allgemein oder für bestimmte Arten von Tätigkeiten vor ihrer Besetzung innerhalb des Betriebs ausgeschrieben werden.

Oftmals nutzen die Betriebsparteien hierfür die Möglichkeit der Ausgestaltung von Regeln mittels Betriebsvereinbarung.

§ 94 Personalfragebogen, Beurteilungsgrundsätze

Gesetzestext:

(1) Personalfragebogen bedürfen der Zustimmung des Betriebsrats. Kommt eine Einigung über ihren Inhalt nicht zustande, so entscheidet die Einigungsstelle. Der Spruch der Einigungsstelle ersetzt die Einigung zwischen Arbeitgeber und Betriebsrat.

(2) Absatz 1 gilt entsprechend für persönliche Angaben in schriftlichen Arbeitsverträgen, die allgemein für den Betrieb verwendet werden sollen, sowie für die Aufstellung allgemeiner Beurteilungsgrundsätze.

§ 95 Auswahlrichtlinien

Gesetzestext:

(1) Richtlinien über die personelle Auswahl bei Einstellungen, Versetzungen, Umgruppierungen und Kündigungen bedürfen der Zustimmung des Betriebsrats. Kommt eine Einigung über die Richtlinien oder ihren Inhalt nicht zustande, so entscheidet auf Antrag des Arbeitgebers die Einigungsstelle. Der Spruch der Einigungsstelle ersetzt die Einigung zwischen Arbeitgeber und Betriebsrat.

(2) In Betrieben mit mehr als 500 Arbeitnehmern kann der Betriebsrat die Aufstellung von Richtlinien über die bei Maßnahmen des Absatzes 1 Satz 1 zu beachtenden fachlichen und persönlichen Voraussetzungen und sozialen Gesichtspunkte verlangen. Kommt eine Einigung über die Richtlinien oder ihren Inhalt

nicht zustande, so entscheidet die Einigungsstelle. Der Spruch der Einigungsstelle ersetzt die Einigung zwischen Arbeitgeber und Betriebsrat.

(3) Versetzung im Sinne dieses Gesetzes ist die Zuweisung eines anderen Arbeitsbereichs, die voraussichtlich die Dauer von einem Monat überschreitet, oder die mit einer erheblichen Änderung der Umstände verbunden ist, unter denen die Arbeit zu leisten ist. Werden Arbeitnehmer nach der Eigenart ihres Arbeitsverhältnisses üblicherweise nicht ständig an einem bestimmten Arbeitsplatz beschäftigt, so gilt die Bestimmung des jeweiligen Arbeitsplatzes nicht als Versetzung.

§ 98 Durchführung betrieblicher Bildungsmaßnahmen

Der Betriebsrat hat bei der Durchführung von Maßnahmen der betrieblichen Berufsbildung mitzubestimmen. Betriebliche Bildungsmaßnahmen sind für die Entwicklung der Mitarbeiter von enormer Bedeutung. Fehlen derartige Maßnahmen oder sind sie falsch dosiert eingesetzt, kann dies zu Problemen bei der Leistungsfähigkeit des Personals führen. Deshalb hat der Betriebsrat hier das Recht zur aktiven Einbindung. In unserem Unternehmen sind die möglichen Bildungsmaßnahmen grundsätzlich mit dem Betriebsrat abgestimmt, der Trainingskatalog wird immer aktualisiert und bei umfangreichen Weiterbildungen (wie z.B. eine Meisterausbildung) regelt eine Betriebsvereinbarung das Prozedere.

§ 99 Mitbestimmung bei personellen Einzelmaßnahmen

In Unternehmen mit in der Regel mehr als zwanzig wahlberechtigten Arbeitnehmern hat der Arbeitgeber den Betriebsrat vor jeder Einstellung, Eingruppierung, Umgruppierung und Versetzung zu unterrichten, ihm die erforderlichen Bewerbungsunterlagen vorzulegen und Auskunft über die Person der Beteiligten zu geben; er hat dem Betriebsrat unter Vorlage der erforderlichen Unterlagen Auskunft über die Auswirkungen der geplanten Maßnahme zu geben und die Zustimmung des Betriebsrats zu der geplanten Maßnahme einzuholen. Bei Einstellungen und Versetzungen hat der Arbeitgeber insbesondere den in Aussicht genommenen Arbeitsplatz und die vorgesehene Eingruppierung mitzuteilen. Die Mitglieder des Betriebsrats sind verpflichtet, über die ihnen im Rahmen der personellen Maßnahmen nach den Sätzen 1 und 2 bekannt gewordenen persönlichen Verhältnisse und Angelegenheiten der Arbeitnehmer, die ihrer Bedeutung oder ihrem Inhalt nach einer vertraulichen Behandlung bedürfen, Stillschweigen zu bewahren.

Eine Zustimmungsverweigerung kann nur dann erfolgen, wenn die im Gesetz genannten Gründe vorliegen, wenn nämlich:

1. die personelle Maßnahme gegen ein Gesetz, eine Verordnung, eine Unfallverhütungsvorschrift oder gegen eine Bestimmung in einem Tarifvertrag oder in einer Betriebsvereinbarung oder gegen eine gerichtliche Entscheidung oder eine behördliche Anordnung verstoßen würde,

2. die personelle Maßnahme gegen eine Richtlinie nach § 95 verstoßen würde,

3. die durch Tatsachen begründete Besorgnis besteht, dass infolge der personellen Maßnahme im Betrieb beschäftigte Arbeitnehmer gekündigt werden oder sonstige Nachteile erleiden, ohne dass dies aus be-

trieblichen oder persönlichen Gründen gerechtfertigt ist; als Nachteil gilt bei unbefristeter Einstellung auch die Nichtberücksichtigung eines gleich geeigneten befristet Beschäftigten,

4. der betroffene Arbeitnehmer durch die personelle Maßnahme benachteiligt wird, ohne dass dies aus betrieblichen oder in der Person des Arbeitnehmers liegenden Gründen gerechtfertigt ist,

5. eine nach § 93 erforderliche Ausschreibung im Betrieb unterblieben ist oder

6. die durch Tatsachen begründete Besorgnis besteht, dass der für die personelle Maßnahme in Aussicht genommene Bewerber oder Arbeitnehmer den Betriebsfrieden durch gesetzwidriges Verhalten oder durch grobe Verletzung der in § 75 Abs. 1 enthaltenen Grundsätze, insbesondere durch rassistische oder fremdenfeindliche Betätigung, stören werde.

In der Praxis kommt es durchaus vor, dass der Betriebsrat einer personellen Einzelmaßnahme nicht zustimmt, obwohl es bei genauerem Hinsehen keine „echten Ablehnungsgründe" gibt. Der Arbeitgeber könnte in einem solchen Fall die Ersatzzustimmung beim Arbeitsgericht beantragen und würde sie auch bekommen. Aber ein derartiges Verhalten wird nicht unbeantwortet bleiben. Der Betriebsrat wird bei nächstmöglicher Gelegenheit entsprechend reagieren.

Es sollte also immer versucht werden, die Fälle ohne die „Gerichtskarte" zu lösen. Wichtiger ist es nämlich, die Argumente außerhalb der rechtlichen Situation zu hinterfragen und die Umstände gemeinsam zu klären. Manchmal muss dann auch sehr kontrovers diskutiert werden, aber letztlich immer lösungsorientiert.

§ 102 Mitbestimmung bei Kündigungen

(1) Der Betriebsrat ist vor jeder Kündigung zu hören. Der Arbeitgeber hat ihm die Gründe für die Kündigung mitzuteilen. Eine ohne Anhörung des Betriebsrats ausgesprochene Kündigung ist unwirksam.

(2) Hat der Betriebsrat gegen eine ordentliche Kündigung Bedenken, so hat er diese unter Angabe der Gründe dem Arbeitgeber spätestens innerhalb einer Woche schriftlich mitzuteilen. Äußert er sich innerhalb dieser Frist nicht, gilt seine Zustimmung zur Kündigung als erteilt. Hat der Betriebsrat gegen eine außerordentliche Kündigung Bedenken, so hat er diese unter Angabe der Gründe dem Arbeitgeber unverzüglich, spätestens jedoch innerhalb von drei Tagen, schriftlich mitzuteilen. Der Betriebsrat soll, soweit dies erforderlich erscheint, vor seiner Stellungnahme den betroffenen Arbeitnehmer hören. § 99 Abs. 1 Satz 3 gilt entsprechend.

(3)....

Auch bei dieser Art der Mitbestimmung ist es sehr wichtig, über den Inhalt des Gesetzes hinaus zu agieren. Die Kündigung eines Mitarbeiters ist die mit Abstand schlimmste Situation für den Arbeitgeber und den Arbeitnehmer. Allein schon deshalb sollten die Umstände dem Betriebsrat rechtzeitig und umfassend nähergebracht werden. Idealerweise geschieht dies im persönlichen Austausch und nicht alleine durch Vorlage irgendwelcher Akten und Belege.

§ 111 Betriebsänderungen

In Unternehmen mit in der Regel mehr als zwanzig wahlberechtigten Arbeitnehmern hat der Unternehmer den Betriebsrat über geplante Betriebsänderungen, die wesentliche Nachteile für die Belegschaft oder erhebliche Teile der Belegschaft zur Folge haben können, rechtzeitig und umfassend zu unterrichten und die geplanten Betriebsänderungen mit dem Betriebsrat zu beraten. Der Betriebsrat kann in Unternehmen mit mehr als 300 Arbeitnehmern zu seiner Unterstützung einen Berater hinzuziehen; § 80 Abs. 4 gilt entsprechend; im Übrigen bleibt § 80 Abs. 3 unberührt. Als Betriebsänderung im Sinne des Satzes 1 gelten

1. Einschränkung und Stilllegung des ganzen Betriebs oder von wesentlichen Betriebsteilen,
2. Verlegung des ganzen Betriebs oder von wesentlichen Betriebsteilen,
3. Zusammenschluss mit anderen Betrieben oder die Spaltung von Betrieben,
4. grundlegende Änderungen der Betriebsorganisation, des Betriebszwecks oder der Betriebsanlagen,
5. Einführung grundlegend neuer Arbeitsmethoden und Fertigungsverfahren.

Nach den teilweise sehr umfangreichen Aufzählungen des Gesetzes über Beteiligungsrecht, über Mitbestimmungsrechte und über Beratungsrechte und alles Weitere, möchte ich einige Beispiele aus meiner Praxis schildern:

Überstunden/Arbeitszeit: Die Mitbestimmungsrechte des Betriebsrates sind bei Überstunden und Arbeitszeitregeln im § 87 BetrVG klar beschrieben. Ohne die aktive Einbindung des Betriebsrates ist der Arbeitgeber bezüglich der flexiblen Gestaltung bei Mehr- und Minderbedarf an Arbeitszeit in einer ganz schlechten Situation. Es wäre ziemlich umständlich immer die Einigungsstelle anzurufen, wenn keine Einigung zu erzielen ist. Aus dem Grund haben wir eine Betriebsvereinbarung

geschlossen, die die wichtigsten Parameter für Über-
stundeneinsätze regelt und ebenso das Genehmigungs-
verfahren. Außerdem wurde ein digitaler Workflow
installiert, der sogar noch das eigentliche Verfahren be-
schleunigt. Ich kann mich an fast keinen Fall erinnern,
in dem seitens des Betriebsrates ein Veto zu Überstun-
denarbeit eingereicht wurde, alle Anfragen wurden zentral und schnell beantwortet. Ebenso ist die Arbeitszeit
sehr flexibel gestaltet. Via Betriebsvereinbarung kann
ein Mitarbeiter innerhalb einer Rahmenarbeitszeit von
6.00 Uhr bis 19.00 Uhr eigenverantwortlich flexibel seine arbeitsvertraglich geschuldete Arbeitszeit erbringen.
Natürlich müssen die Arbeitszeiten mit den Führungskräften abgestimmt sein und teilweise sind sogenannte
Servicezeiten einzuhalten (z.B. dort wo Kundenverkehr
besteht). Die Grenzen bilden dabei das Arbeitszeitgesetz in Bezug auf die 10 Stunden/Tag Höchstarbeits-
zeit. Plus- und Minusberechnungen werden auf einem
Arbeitszeitkonto festgehalten und die Überwachung
erfolgt in einem Ampelkonto mit festgelegten Grenzen.
Natürlich kann ein derartiges Regelwerk nur digital
mittels Zeitwirtschaftssystem erfolgen, welches auch
gleichzeitig die tarifvertraglichen Zuschläge für bestimmte Zeiten ermittelt und für die Lohnabrechnung
zur Verfügung steht (z.B. Sonntagszuschlag).

Versetzung, Höhergruppierung, Interne Bewerbung:
Einen häufigen Fall aus der Personalwirtschaft findet
man beim internen Stellenmarkt. Ein Mitarbeiter sieht
die Ausschreibung einer Arbeitsstelle im Haus, die besser dotiert ist als die Stelle, die er heute innehat. Er bewirbt sich auf die Stelle, wird als bester Bewerber aus-
findig gemacht und erhält das Angebt des Wechsels auf
die neue Stelle. Bevor die eigentliche Versetzung vollzo-

gen werden kann, muss der Betriebsrat gem. § 99 BetrVG dieser personellen Einzelmaßnahme zustimmen.
Der Betriebsrat wird bei der Anhörung zur Zustimmung
darüber informiert, wer sich insgesamt beworben hatte
und darüber, dass der ausgesuchte Bewerber die besten Voraussetzungen für die neuen Aufgaben hat. Der
Betriebsrat darf jetzt die Zustimmung nur verweigern,
wenn einer der Gründe vorliegen, die im § 99 BetrVG
genannt sind (s.o.). Manchmal muss in der Praxis mit
dem Betriebsrat auch „zwischen den Zeilen" gesprochen
werden. Die Fakten nach Aktenlage reichen dann somit
nicht aus. Es ist überhaupt nicht sinnvoll, mit dem Betriebsrat darüber zu streiten, ob ein Ablehnungsgrund
im Sinne des BetrVG vorliegt. Vielmehr sollte versucht
werden, gemeinsame Nenner zu finden. Bei Streitigkeiten ohne gemeinsame Lösung müsste wieder die Einigungsstelle entscheiden und das kostet Zeit und Nerven.
Ebenso verhält es sich bei einer geplanten Höhergruppierung, also einer Erhöhung des Gehalts. Gibt es seitens des Betriebsrates andere Ansichten als die der
Führungskraft, muss eine Klärung herbeigeführt werden. Derartige unterschiedliche Wahrnehmungen von
Leistungsanpassungen passieren und sollten nicht zu
überreiztem Verhalten führen. Beispielhaft möchte ein
Chef seinem Mitarbeiter, der höherwertige Aufgaben
dauerhaft übernommen hat, schon nach einer sehr kurzen Zeit mehr Geld geben. Der Betriebsrat sieht jedoch
noch eine Lücke zwischen Soll und Ist in der Leistung
und kann die schnelle Höhergruppierung nicht nachvollziehen. Hier muss eine gemeinsame Lösung gefunden werden.

Die Zusammenarbeit zwischen den Betriebsparteien
ist entscheidend für den Erfolg bei der Umsetzung jed-
weder betrieblichen Entscheidung. Ein noch so genia-

ler strategischer Ansatz oder jede noch so intelligente Aufstellung eines Arbeitsprozesses bringt nur dann den notwendigen Mehrwert für das Unternehmen, wenn die Umsetzung erfolgen kann. Damit das gelingt, ist bei mitbestimmungspflichtigen Tatbeständen immer auf eine lösungsorientierte Zusammenarbeit zu setzen.

11. Die Betriebsvereinbarungen als passgenaue Unternehmenslösungen

Die Möglichkeit von Betriebsvereinbarungen ist eine Möglichkeit dem Unternehmen arbeitsrechtlich eine eigene Verfassung zu geben. Würde man Betriebsvereinbarungen verschiedener Unternehmen zu ein und demselben Thema nebeneinanderlegen, wäre der Inhalt sicherlich ähnlich, jedoch hätte jede seinen „eigenen Geist".

In Betriebsvereinbarungen finden sich viele Regelungen, die Ihre Rechte und Pflichten als Arbeitnehmer des Betriebs festlegen. Das können z.b. allgemeine Urlaubsgrundsätze oder Urlaubspläne für das laufende Jahr sein, Arbeitszeiten- und/oder Pausenregelungen oder auch Verhaltensvorgaben für den Umgang mit Kollegen oder Kunden. Andere Betriebsvereinbarungen beschreiben dann eher monetäre (Zusatz)Regelungen für die Arbeitnehmer (wie z.B. Leistungsbezahlung o.ä.). Nach der allgemeinen Legaldefinition einer Betriebsvereinbarungen ist diese eine allgemeine, d.h. für alle Arbeitnehmer des Betriebs oder für bestimmte Arbeitnehmergruppen geltende Regelung, die auf einem Vertrag zwischen Arbeitgeber und Betriebsrat beruht. Vertragspartner sind damit der Betriebsrat und der Arbeitgeber, die im Geschäftsverkehr auch gerne als Betriebsparteien bezeichnet werden.

Gemäß § 77 Abs.4 BetrVG gelten Betriebsvereinbarungen für die Arbeitnehmer des Betriebs „unmittelbar und zwingend", d.h. wie ein Gesetz. Es kommt also nicht darauf an, ob die Betriebsvereinbarung im Arbeitsvertrag erwähnt wird und es ist auch nicht erforderlich, dass der Arbeitnehmer die Betriebsvereinbarung kennt, die auf ihn bzw. auf sein Arbeitsverhältnis anzuwenden ist. Diese gesetzesgleiche rechtliche Wirkung entspricht der sog. Tarifwirkung, d.h. der rechtlichen Einwirkung eines Tarifvertrags auf die Arbeitsverhältnisse der beiderseits tarifgebundenen Arbeitsvertragsparteien (§ 4 Abs.1 TVG).

Wichtig an dieser Stelle ist es auch, das Verhältnis Betriebsvereinbarung zum Arbeitsvertrag und zum Tarifvertrag zu kennen.

Der Arbeitsvertrag bzw. die in ihm enthaltenen Regelungen gehen einer Betriebsvereinbarung vor, wenn sie für den Arbeitnehmer günstiger sind. Dagegen gehen die Regelungen, die in einer Betriebsvereinbarung enthalten sind, dem Arbeitsvertrag vor, wenn der Arbeitsvertrag in einer für den Arbeitnehmer ungünstigen Weise von der Betriebsvereinbarung abweicht. Anders gesagt: Regelungen, die in einem Arbeitsvertrag enthalten sind, können von den Regelungen einer Betriebsvereinbarung abweichen, wenn sie für den Arbeitnehmer günstiger sind.

Das Verhältnis von Betriebsvereinbarung und Tarifvertrag entspricht dem Verhältnis von Arbeitsvertrag zu Betriebsvereinbarung: Die Betriebsvereinbarung, bzw. die in ihr enthaltenen Regelungen, gehen dem Tarifvertrag vor, wenn sie für den Arbeitnehmer günstiger sind. Allerdings gibt es dabei einen Unterschied zwischen Arbeitsverträgen und Betriebsvereinbarungen. Denn für Arbeitsverträge gilt die Vertragsfreiheit, die für Betriebsvereinbarungen nur mit Einschränkungen gilt. Daher kann es sein, dass Betriebsvereinbarungen zwar für den Arbeitnehmer günstiger sind als ein Tarifvertrag, aber trotzdem nicht anzuwenden sind, weil es eine abschließende tarifvertragliche Regelungen bereits gibt - und weil diese somit vorrangig ist.

Beispiel: Ein Tarifvertrag, an den der Arbeitgeber gebunden ist, schreibt für vollzeitig beschäftigte Arbeitnehmer eine Wochenarbeitszeit von maximal 40 Stunden vor, und zwar bei acht Stunden Arbeit pro Tag und einer Verteilung der Arbeitszeit auf die Tage von Montag bis Freitag. Der Betriebsrat möchte eine 37,5-Stundenwoche durchsetzen, und zwar bei siebeneinhalb Stunden pro Arbeitstag. Eine solche Betriebsvereinbarung wäre zwar günstiger für die Arbeitnehmer, da sie dann zweieinhalb Stunden weniger arbeiten müssten, doch ist sie rechtlich unzulässig, da eine abschließende tarifvertragliche Regelung der Wochenarbeitszeit und der Verteilung der Arbeitszeit auf die Wochentage bereits besteht.

Hintergrund dieser „Vorfahrtsregelung zugunsten der Tarifautonomie" ist die Überlegung, dass Gewerkschaften letztlich mächtiger sind als Betriebsräte und daher besser als Betriebsräte dazu in der Lage, Arbeitnehmerinteressen durchzusetzen.

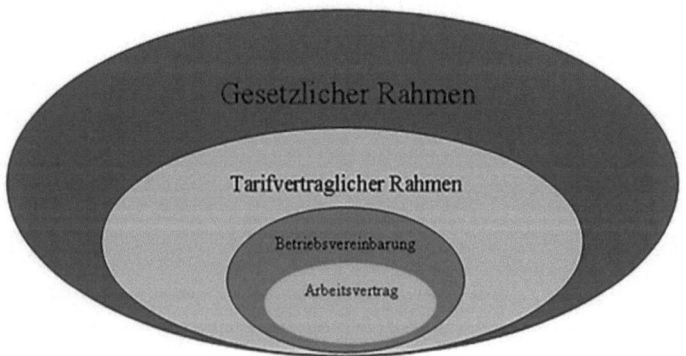

Abb. 14: Schaubild der IG Metall zur Vorfahrtsregelung der Tarifautonomie (Quelle: IG Metall 2018)

Als Grundformel kann man damit festhalten: Die jeweils „schwächere" Form der vertraglichen Vereinbarung darf mit wenigen Ausnahmen zwar besser, aber
niemals schlechter sein als die „stärkere" Form.
Zusammenfassend kann man also festhalten:

1. Betriebsvereinbarungen regeln betriebliche Belange;
2. Betriebsvereinbarungen sind gewillkürt, d.h. beide
   Betriebsparteien müssen es wollen;
3. Ausnahme: Entscheidung der Einigungsstelle des
   Arbeitsgerichts (Mitbestimmung);
4. Betriebsvereinbarungen haben den Stellenwert eines Tarifvertrages (unmittelbar und normativ);
5. Betriebsvereinbarungen dürfen nur dort negativ
   vom Tarifvertrag abweichen, wo es eine Öffnungsklausel dazu gibt (z.B. Freistellung, Brückentage,
   etc.);
6. Rechte aus einer Betriebsvereinbarung sind unab-
   dingbar (also einzelvertraglich nicht auszuschlie-
   ßen);
7. Betriebsvereinbarungen wirken in alle Arbeitsverträge (automatische Einbeziehung);
8. Verzicht auf die Rechte aus einer Betriebsvereinbarung nur mit Zustimmung des Betriebsrats.

Aus der Praxis unseres Unternehmens kann ich berichten, dass wir sehr viele Betriebsvereinbarungen
geschlossen haben. Seit Beginn des Restrukturie-
rungs-prozesses hat sich deren Anzahl nochmals signi-
fikant erhöht, denn es musste der Interessenausgleich
und alle damit zusammenhängenden Tatbestände geregelt werden. Mit einigen unserer Betriebsvereinbarungen sind wir sogar weit über Heidelberg hinaus aufge-

fallen, selbst in Kreisen des Arbeitgeberverbandes sind einige davon angekommen. Die für mich wichtigsten und interessantesten Betriebsvereinbarung stelle ich nun gerne vor:

Flexible Arbeitszeit	Umsetzung geänderte Wochenarbeitszeit (Brückentage)	Zeitmodell 40+
Rahmenarbeitszeit Pausen Arbeitszeitkonto (Apel) Zeitkontensteuerung	Festlegung der Brückentage Kollision mit anderen Arbeitsfreistellungen	Vermeidung großer Ansparungen im Zeitkonto Temporäre Option Soll die Ausnahme sein

Abb. 15: Übersicht der Regelungsinhalte zu speziellen Betriebsvereinbarungen

Flexible Arbeitszeit: Hier wurde die tarifvertragliche Möglichkeit des TV-V in der Art umgesetzt, dass die Mitarbeiter in der Zeit von Montag bis Freitag zwischen 6.00 Uhr und 19.00 Uhr ihre arbeitsvertraglich geschuldete Arbeit flexibel erbringen können. Der Tarifvertrag spricht hierbei von der Rahmenarbeitszeit. Natürlich gibt es hierzu einschränkende Regelungen, wie z.B. Festlegung von Servicezeiten oder die notwendigen Absprachen zur Flexibilität. Zeitgleich wurde das Ampelkonto mit Steuerungsregelugen vereinbart.

Umsetzung geänderte Wochenarbeitszeit (Brückentage): Im Jahr 2008 wurde die tarifvertragliche Wochenarbeitszeit erhöht. Dies haben wir zum Anlass genommen die bisherigen Brückentageregelung neu aufzusetzen.

1.   Nach wie vor arbeiten Vollzeitbeschäftigte 1 Stunde

mehr pro Woche als es der Tarifvertrag vorsieht (40 statt 39 Stunden),

2. Die Mehrarbeit wird einem besonderen Arbeitszeitkonto zugeführt; der Ausgleich erfolgt anhand von kollektiv festgelegten Brückentagen (ca. 9 Tage pro Jahr),

3. Ist der Mitarbeiter an einem der Brückentage aus anderen Gründen von der Arbeit befreit (z.B. Krankheit), entfällt der Ausgleich.

Einführung TV-V	Arbeitsbefreiung § 616 BGB	Rufbereitschaft & Arbeitsbereitschaft
Einstieg in den TV-V	Nur 3 Tatbestände für Sonderurlaub	Definition
Kernpunkte zu den Themen	Optionen für unbezahlten Sonderurlaub	Regeln zur Leistungserbringung
• Arbeitszeit		Regeln zur Gegenleistung (pauschale Anrechnung von Zeit)
• Jubiläumsgeld		
• Sterbegeld		Höhe der Bereitschaftsvergütung
• Sonderurlaub		Überstundenbemessung
• Leistungsentgelt		Festlegung der Arbeitszeit an den Tagen
• Rufbereitschaft		
• Ruhezeit		
• Erschwerniszulage		
• Brillenzuschüsse		
• ...		

Abb. 16: Übersicht der Regelungsinhalte zu speziellen Betriebsvereinbarungen

Einführung TV-V: Im Jahr 2006 haben wir im Unternehmen den TV-V eingeführt. Wir konnten dies freiwillig tun, da wir trotz Mitgliedschaft im KAV Baden-Württemberg diesen Sparten-Tarifvertrag nicht anwenden mussten, da wir neben der Energieversorgung auch noch den Nahverkehr und die Bäder im Konzern verantworten.

Mit der Einführung mussten sehr viele Übergangsregelungen und Regelungen neuer Inhalte geschaffen werden (z.B. Leistungsentgelt). Hierin erkennt man ganz klar das Eigenleben unseres Unternehmens und zwar thematisch und historisch.

Arbeitsbefreiung § 616 BGB: Die im § 616 BGB genannten Fälle von Freistellungen für Arbeitnehmer ist bekanntlich für tarifliche und betriebliche Dispositionen geöffnet. Da der TV-V ebenfalls keine Regelungen enthält, haben wir eine sehr einschränkende Betriebsregel geschaffen. Es gibt nur für sehr wenige Tatbestände des Sonderurlaubs, nämlich für die Geburt eines Kindes, beim Tod von Kindern oder Eltern und beim Jubiläumstag im Betrieb.

Rufbereitschaft: Hier haben wir alle notwendigen Regelungen zusammengefasst, die wichtig im Zusammenhang mit der Rufbereitschaft sind. Als Energieversorgungsunternehmen haben wir die Versorgung in allen Energiesparten und auch im Bereich Wasser sicherzustellen. Hierfür benötigen wir Menschen, die im Fall einer Störung bereit sind, die Arbeit aufzunehmen und zwar zu jeder Tages- und Nachtzeit. Dies nennt der Tarifvertrag Rufbereitschaft und die Details dazu haben wir gemeinsam erstellt.

Leistungsorientierte Vergütung	Neubewertung der Stellen	Nutzung Intranet und Outlook
Prämienscheck	Rankingmodell	Grundsätzliches Verbot der Privat-nutzung
Projektprämie	360°-Blick	
Budget wird jähr-lich neu festgelegt	Einrichtung einer Pako*)	Schutz der Persön-lichkeitsrechte
	Umgang mit Höher-gruppierungen	Umgang mit Mails

*) Pako= Paritätische Kommission

Abb. 17: Übersicht der Regelungsinhalte zu speziellen Betriebsvereinbarungen

Leistungsorientierte Vergütung: Leistung soll sich lohnen! In einer Leistungsgesellschaft ist das oftmals nur eine leere Phrase, die man zu oft in den Mund nimmt. Trotzdem haben wir versucht diesen Leitspruch betrieblich umzusetzen. Mit einem vernünftigen Jahresbudget ausgestattet, können Führungskräfte gute Leistungen ihrer Mitarbeiter schnell und unbürokratisch belohnen, nämlich mit dem Prämienscheck. So sieht auch das Formular tatsächlich ein wenig wie ein Scheck aus. Dieser wird direkt nach Ausstellung und Unterschrift an den Mitarbeiter übergeben und eine Kopie davon zur Auszahlung mit der nächsten Entgeltabrechnung weitergegeben. Als Stückelungsbeträge sind 250/500/750 und 1.000 EURO brutto vorgesehen. Regeln für die Ausstellung derartiger Schecks sind nicht beschrieben. Daneben kann auch eine Projektprämie ausgeschüttet werden. Bei wichtigen Konzernprojekten wird zu Beginn das Budget für die Vergabe festgelegt, welches dann bei erfolgreichem Abschluss ausgeschüttet wird. Hier sind keine festen Beträge vorgesehen. In der Praxis gab es durchaus schon Beträge bis zu 4.000 EUR.

Beide Bestandteile unseres Belohnungssystems sind seit nunmehr sechs Jahren Gültigkeit gut im Unternehmen verankert. Die Führungskräfte können damit gut dosiert umgehen. Auch die Mitarbeiter halten das Schecksystem für eine pfiffige Art, Leistung direkt zu belohnen. Sicherlich gibt es bei ca. 300 ausgestellten Prämienschecks pro Jahr auch Fälle, bei denen der Ansatz vielleicht nicht korrekt gewählt wurde. Aber wie jedes Leistungsentlohnungssystem gibt es auch hier kleine Abstriche, die man in Kauf nehmen muss.

Neubewertung der Stellen: Im Jahr 2011 haben wir uns in einem gemeinsamen Projekt mit dem Betriebsrat auf den Weg gemacht, alle 600 Planstellen im Unternehmen tariflich neu zu bewerten. Wir haben zunächst eine Paritätische Kommission gebildet, die es bis heute zur Bewertung neuer oder geänderter Stellen immer noch gibt. Sie besteht aus fünf Mitarbeitern aus dem Personalbereich (Personalleiter, drei Gruppenleiter und die Organisationsmanagerin) und fünf Mitgliedern aus dem Betriebsrat (Vorsitzende, Stellvertreterin und drei weitere Mitglieder).

Wir haben zunächst versucht, gemeinsame Aufgaben mit sogenannten Referenzstellen zu bündeln (z.B. alle E-Monteure in der Beleuchtung oder alle Buchhalter in der Debitorenbuchhaltung, etc.). Für Abteilung haben wir mehrere Referenzen ermittelt. Diese Stellen haben wir vom Abteilungsleiter beschreiben lassen und diese anschließend mit ihm gemeinsam in einem ausgiebigen Interview nach Wertigkeit geordnet (Ranking). Nachdem alle Referenzstellen beschrieben und vorab in ihrer Wertigkeit geordnet waren, haben wir versucht, in der Kommission alle Stellen in einem 360°- Blick zu ordnen. Rückfragen haben wir nochmals mit den Abteilungsleitern besprochen. Am Ende hatten wir über das gesamte Unternehmen eine Wertigkeitspyramide, also ein Ranking-Modell, welches wir final mit allen Abteilungsleitern abgestimmt haben. Bei dieser finalen Abstimmung haben wir gleichzeitig die restlichen Stellen in das Format des Rankings einsortiert. Ein nachvollziehbares Ergebnis war es z.B., dass eine Stelle im Bereich Planung von Trafostationen in der Elektrizitätsversorgung höher zu bewerten war, als eine Stelle im Zentralarchiv der Allgemeinen Verwaltung. Das Modell machte allen Beteiligten, bis hin zu den Geschäftsführern, in einer guten Art und Weise klar, wie die Aufgaben unterschiedlich verteilt und gewichtet sind. Hat man erstmal ein Gefühl für dieses Vorgehen, erfährt es hohe Akzeptanz.

Danach war es Fleißarbeit, dem Ganzen einen Tarifstempel zu geben. Das gesamte Projekt dauerte knackige neun Monate. Diese Zeit ist bis heute sehr gut investiert.

Die zur Umsetzung notwendige Betriebsvereinbarung wurde im letzten Monat des Projekts abgestimmt und unterschrieben. In Summe hatten wir im Vergleich zur alten Bewertung ca. 40% aller Stellen gleich bewertet, 30% niedriger und 30% höher. Die möglichen Auswirkungen daraus mussten natürlich geregelt werden, wie etwa

- dass kein Mitarbeiter bei schlechterer Bewertung herabgruppiert wird;
- dass bei besserer Bewertung keine automatische Höhegruppierung stattfindet.

Die so gewählte Vorgehensweise beruhte auf einer Idee von Bernd Herzberg, der uns als Dienstleister extern

unterstützte. Bernd Herzberg war sehr lange Personalchef der Stadtwerke Düsseldorf und kennt daher den
TV-V wie seine Westentasche. Er referiert außerdem bis
heute im Bereich des TV-V und ist einer der Kommen-
tatoren zum Tarifrecht.

Nutzung Intranet und Outlook: Diese Betriebsvereinbarung regelt den Umgang mit den digitalen Kommu-
nikationssystemen Intranet, Internet und Outlook. Der
wichtigste Inhalt: Die private Nutzung ist ganz klar verboten.

Interessenausgleich Sozialplan Versetzung	Weiterbildung	Mitarbeitergespräche
Umgang mit definiertem Personalüberhang	Definition Fördervoraussetzung	Grundsätzlichkeit der Pflicht zum MAG
Abfindungsregeln	Umfang der Förderung	Regeln im Umgang
Besitzstandszahlungen	Bindungsfrist	Regelmäßigkeit
Weiterbildungen	Besonderheiten Überhang	Evaluation
Transfermöglichkeiten		
Einsatzmöglichkeiten außerhalb des Unternehmens		

Abb. 18: Übersicht der Regelungsinhalte zu speziellen
Betriebsvereinbarungen

Interessenausgleich: Finden in einem Unternehmen weitreichende Restrukturierungen statt, hat der Betriebsrat das Recht darauf, dass die Interessen der Mitarbeiter in angemessener Art und Weise berücksichtigt werden. Alle Inhalte dieser Betriebsvereinbarung gehen genau in diese Richtung. Die in der Grafik genannten Themen sind dort ausgiebig beschrieben und im Laufe der Jahre seit 2009 immer wieder aktualisiert worden.

Versetzung: Flankierend zur Betriebsvereinbarung Interessenausgleich musste alles rund um die Besitzstandsberechnung im Falle einer betrieblich veranlassten Versetzung geregelt werden. Einer Regelungsinhalte beschreibt beispielsweise die Zusammensetzung einer Besitzstandszulage und deren künftige Aufrechnung mit Lohnsteigerungen.

Weiterbildung: Ein Mitarbeiter, der bereit ist sich weiterzubilden, ist ein Garant dafür, dass Kompetenzen nicht stillstehen. Wir fördern derartige Weiterbildungen immer mit der Übernahme von mindestens 50% der Kosten, wenn die Weiterbildung betrieblich nutzt. In Fällen der betrieblichen Notwendigkeit fördern wir sogar bis zu 100% der Kosten und stellen im Extremfall sogar für die Vorbereitung von der Arbeit frei.

Ein Exempel hierfür:

- Elektromonteur möchte seine Meisterausbildung absolvieren, der geplante Einsatz ist noch unklar, es gibt auch derzeit keine passende Meisterstelle.
- Hier käme eine Grundförderung mit 50% infrage.
- SHK-Monteur ist bereit, sich zum Techniker weiterzubilden. Das Unternehmen muss eine freiwerdende Stelle in den nächsten 3 Jahren besetzen.
- Hier würde mit 100% gefördert werden.

Die zu schließende Bindefrist nach dem Abschluss der Weiterbildung ist ebenfalls in der Betriebsvereinbarung geregelt.

*Mitarbeitergespräche:*Bereits im Jahr 2011 haben wir das strukturierte Mitarbeitergespräch als Pflicht eingeführt. Im Kapitel „Mitarbeitergespräch" habe ich Sinn und Zweck ausführlich beschrieben. Diese Betriebsvereinbarung ist eines der wichtigsten „Betriebsgesetze", das bislang eingeführt wurde. Der kommunikative Zugewinn ist im Unternehmen spürbar.

Altersteilzeitarbeit	Betriebliches Gesundheitsmanagement	Homeoffice
Einbeziehung des Tarifvertrages zur Regelung der ATZ-Arbeit (TV ATZ)	Einführung Betriebliches Eingliederungsmanagements (BEM)	Alternierend (kein Full Sice)
Kein Rechtsanspruch	Suchtprävention	Temporär
Der AG macht das Angebot	BGM-Angebote	Vertrauenssache
Grundsätzlich muss eine Stelle entfallen (ggf. im Ringtausch)	BGM-Team	Regeln zur Arbeitsplatzsicherheit
		Starke Verantwortung der Führungskraft

Abb. 19: Übersicht der Regelungsinhalte zu speziellen Betriebsvereinbarungen

Altersteilzeitarbeit: Ohne die Möglichkeit zur Altersteilzeitarbeit hätten wir den sozialverträglichen Stellenabbau in den letzten Jahren nicht gestalten können.

Da der Tarifvertrag zur Regelung der Altersteilzeitarbeit (TV ATZ) im Jahr 2010 vom Tarifvertrag für flexible Arbeitszeitregelungen für ältere Beschäftigte (TV FlexAz) abgelöst wurde und diese neue Regelungen deutlich schlechtere Bedingungen beinhalten, mussten wir uns im Unternehmen eine Lösung einfallen lassen. Die Lösung war besagte Betriebsvereinbarung, in der sich die Betriebsparteien überein kam, dass die Regelungen des TV ATZ weiterhin uneingeschränkt gelten. Die tarifvertragliche Öffnungsklausel hierzu hatte das neue Tarifrecht des TV FlexAz zugelassen.

Einige Einschränkungen mussten wir trotzdem einbauen wie z.B. die Tatsache, dass der Arbeitgeber das Angebot zur Altersteilzeitarbeit macht und zwar nur dann, wenn feststeht, dass durch die Vertragsumstellung Personalkosten eingespart werden können. Stand fest, dass eine Stelle entfällt, wenn der interessierte Mitarbeiter einen Altersteilzeitvertrag erhält, stand dem Vorhaben ohnehin nichts mehr im Weg. Manchmal konnten auch Einsparungen generiert werden, wenn Veränderungen über mehrere Stationen hinweg vorgenommen wurden. Wir nennen das dann Ringtausch. Der Mitarbeiter konnte sein Interesse anmelden und wir prüften die internen Möglichkeiten. Hierzu gab der zuständige Abteilungsleiter eine Stellungnahme ab, die standardisiert verschiedene Fragen beinhaltete. Anhand der Antworten hatten wir oftmals gute Hinweise zu möglichen Optionen.

Beispiel:
1. Mitarbeiter A möchte Altersteilzeitarbeit vereinbaren (drei Jahre Arbeitsphase und drei Jahre Freistellungsphase im Blockmodell);
2. In der Stellungnahme des Abteilungsleiters ist fol-

gender Hinweis enthalten:

    a. Die Stelle kann nicht entfallen;

    b. Der Nachfolger benötigt Qualifikation XY;

    c. Die Einarbeitungsphase dauert sechs Monate;

3. In der Transfergesellschaft war ein Mitarbeiter B, dessen Qualifikation nicht 100% passte, aber zumindest dem Grunde nach;

4. Dieser Mitarbeiter B konnte mit einer längeren Einarbeitungsphase von 12 Monaten gut auf die Stelle vorbereitet werden;

5. So konnte der Mitarbeiter A seinen Vertrag zur Altersteilzeitarbeit bekommen, der Mitarbeiter B wechselte aus der Transfergesellschaft auf den dauerhaften Arbeitsplatz des Mitarbeiters A;

6. Die Stelle des Mitarbeiters B entfiel;

7. Der Ringtauch war perfekt.

Derartige personelle Planspiele waren in der Primetime unserer Restrukturierung an der Tagesordnung. Insgesamt kann man sagen, dass wir dabei sehr erfolgreich waren.

Betriebliches Gesundheitsmanagement (BGM): Im Kapitel zum Betrieblichen Gesundheitsmanagement sind die personalwirtschaftlichen Ansätze beschrieben, ebenfalls der mögliche Zugewinn für Arbeitnehmer und Arbeitgeber. Selbstverständlich war hierzu als Regelwerk eine Betriebsvereinbarung zu erstellen.

Homeoffice: Seit Einführung der Regelungen zur Heim- und Telearbeit (Homeoffice) konnten wir viele Mitarbeiter bezüglich der Vereinbarkeit von Beruf und Familie etwas glücklicher machen. Die Betriebsvereinbarung beschreibt das Genehmigungsprozedere, die grundsätzlichen Eigenschaften für einen Homeoffice-Worker und vor allem den Grundsatz des Vertrauens zwischen Chef und seinem Mitarbeiter. Es mag tatsächlich sein, dass in den zwischenzeitlich vereinbarten Fällen auch solche dabei sind, die nicht unbedingt in das Schema der Gründerväter von Homeoffice passen. Wenn dies mit Wissen und Duldung des Chefs passiert, weil er z.B. seiner Kontroll- und Korrekturfunktion nicht nachkommt, gilt auch hier der Grundsatz: Jeder Chef verdienst am Ende die Mitarbeiter, die er hat. Denn er verantwortet die Gesamtergebnisse.

Ich selbst mache ab und an auch Homeoffice-Stunden. Obwohl ich selbst nicht unter die Betriebsvereinbarungen falle, da ich leitender Angestellter des Unternehmens bin, lasse ich mir trotzdem ganz bewusst die Homeoffice-Arbeit nach dem dafür vorgesehenen Prozedere von meinem Chef, dem Geschäftsführer der Holding, genehmigen. In Homeoffice-Phase erledige ich meist die Arbeiten, für die ich absolute Ruhe brauche, wie z.B. Arbeitsrechtsfälle bearbeiten, Betriebsvereinbarungen ausarbeiten, neue Rechtsquellen studieren, etc. Aus der selbstgelebten Erfahrung kann ich zweifelsohne sagen, dass ich in diesen Phasen förmlichen einen Produktivitätsschub habe. Und genau darum geht es im Grunde auch bei der Homeoffice-Arbeit.

Alles in allem haben wir hier ein gutes Instrument, das bei den Mitarbeitern ankommt und in aller Regel win-win-Situationen erzeugt.

Chancen (Vorteile):
- Familienfreundlich
- Flexibel
- Modern
- Wertschätzend

Risiken (Nachteile):
- Vertrauensvorschuss
- Nur partiell einsetzbar (Neid)
- Bedingt gutes Führungsverhalten
- Weckt ggf. Begehrlichkeiten

Abb. 20: Schaubild zum Homeoffice

12. Die Personalabrechnung

Bei dem Thema Personalabrechnung, also der Abrechnung der Löhne und Gehälter der Mitarbeiter, wird mir ein wenig warm ums Herz. Mit dieser Aufgabe bin ich im Personalwesen eingestiegen und habe mehr und mehr alle anderen Bereiche kennenlernen dürfen. Ein Teil der Lohnabrechnung ist heute noch ein Steckenpferd von mir, nämlich das Einkommensteuerrecht. Bereits in meiner Anfangszeit als Lohnsachbearbeiter hatte privat die Begegnung der besonderen Art. Ich hatte die Einkommensteuererklärung für meine Frau und mich abgegeben und als ich den Bescheid zur Einkommensteuer erhielt, war mir gleich klar, dass da etwas nicht stimmen kann. Obwohl wir beide in Steuerklasse 4 waren, errechnete der Finanzbeamte eine Nachforderung. Ich hatte damals zwar einen guten Blick auf die Ermittlung im Lohnsteuerabzugsverfahren, mir fehlte jedoch der Zusammengang der Umrechnungen aus dem Einkommensteuertarif, welche bekanntermaßen im Bereich der Einkommensteuerermittlung maßgeblich ist.

Ich fragte den Finanzbeamten, ob er mir die Detailberechnung erklären könne. Seine Antwort war damals so lapidar wie ernüchternd: „Das EDV-Programm rechnet das alles aus und dieses ist schließlich geprüft, also muss alles stimmen." Eine echte Erklärung bekam ich nicht. Das war der Einstieg in die Tiefen des Einkommensteuerrechts. Ich besorgte mir Fachliteratur (damals gab es noch kein „allwissendes" Internet) und brachte mir die Systematik der Arbeitnehmerveranlagung im Einkommensteuerrecht bei. Dass der Steuerbescheid fehlerhaft war stellte ich glücklicherweise binnen der gewährten Monatsfrist zur Einspruucheinreichung fest. Anstatt nachzuzahlen, bekamen wir eine Erstattung von zu viel bezahlter Einkommensteuer. Seit damals habe ich nie mehr einen Steuerbescheid akzeptiert wie er war. Zwischenzeitlich nutze ich natürlich ein gutes Steuerprogramm eines renommierten Fachverlages, das mir manuelle Berechnungen ersetzt. Aber ich kann nun jedes Jahr centgenau meine zu zahlende Einkommensteuer nachvollziehen. Nach wie vor macht mir die Nachvollziehbarkeit der Steuerzahlen viel Spaß, hier halte ich mich auch immer fachlich auf dem neuesten Stand.

Mit dieser kleinen Anekdote aus meinem Leben zum Thema Steuerrecht habe ich aber auch schon einen guten Hinweis zu den Aufgaben der Entgeltabrechnung, für die ich an dieser Stelle eine Lanze brechen möchte. In jedem Unternehmen gibt es Menschen, die mit derartigen Aufgaben betraut sind. Ich behaupte, nur ein geringerer Teil davon kann die ganze Bandbreite der Entgeltabrechnung verstehen. Während meiner Hauptzeit in der Abrechnung war ich immer der Auffassung, dass jeder Cent, der irgendwo systemtechnisch erzeugt wird, erklärt und nachvollzogen werden muss. Und da trennt sich die Spreu vom Weizen. Viele Mitarbeiter in der Abrechnung sehen sich lediglich als Umsetzer der Tarifbruttozahlungen in die jeweiligen IT-Systeme. Darüber hinaus vertraut man zu oft den Plausibilitätsprüfungen im System und kommt dann zum Schluss, dass die ermittelten Ergebnisse passen müssen. Diese Arbeitseinstellung kann ich da nachvollziehen, wenn aufgrund der Masse gar keine Zeit ist, um auch mal tiefer einzusteigen. Hat ein Sachbearbeiter z.B. 400 Abrechnungsfälle alleine zu betreuen, muss er sich auf die nötigsten Prozessschritte beschränken. Jede Lohnabrechnungsstelle muss jedoch immer das weitergehende Fachwissen vorhalten, also Erklärung, Systematik und rechtliche Grundlagen der Lohnabrechungsschritte. In der Regel sind dies Team- oder Gruppenleiter, die dann als Beratungspartner zur Verfügung stehen. Die Gesamtheit der Lohnabrechnung ist ein sehr komplexes Thema. Es hat anders als die Personalentwicklung oder der Search meist feste Grenzen, die arbeitsrechtlich, tarifrechtlich oder gesetzlich beschrieben sind. Dafür ist die Spanne des notwendigen Fachwissens sehr groß. Neben Arbeits- und Tarifrecht muss ein Sachbearbeiter hier das Lohnsteuerrecht, das Sozialversicherungsrecht, das Betriebsrentenrecht und sogar das Lohnpfändungsrecht beherrschen. Daneben muss er IT-affin sein und dies alles im System umsetzen können.

Ein sehr wichtiger Punkt bei der Lohnabrechnung ist das Vertrauen. Die Mitarbeiter müssen sich auf die Richtigkeit ihrer Abrechnungen verlassen können und die Zahlungen der Nettogehälter müssen tarifgenau auf dem Konto der Mitarbeiter sein. Außerdem müssen Unklarheiten schnell geklärt werden können und es dürfen keine Zweifel zur Korrektheit bleiben. Zu einer Betriebsversammlung eines großen Unternehmens war ich als Gastredner eingeladen. Der dortige Betriebsratsvorsitzende prangerte in seiner Ansprache einen Zustand an: Eine große Anzahl von Mitarbeitern hätte wohl im Zuge einer Tarifnachzahlung undurchsichtige und unüberschaubare Entgeltabrechnungen erhalten, die bis dato nicht erklärt werden konnten. Das ist in der Abrechnung ein Super-GAU!

Damit waren fundamentale Werte erschüttert. Es hat lange gedauert, bis dieses Vertrauen wiedergewonnen werden konnte.

Die ist der Grund weshalb ich von einem Outsourcing der Lohnabrechnung nichts halte. Sie ist Bestandteil des HR-Prozesses und beendet jede personalwirtschaftliche

Entscheidung sozusagen in Cent und Euro.

Nun möchte ich aber auch noch die einzelnen Aufgaben der Lohnabrechnung beschreiben:

Umsetzung der Personalmaßnahmen in Entgelt:

Hier muss anhand des zugrundeliegenden Personalprozesses das korrekte Bruttoentgelt ermittelt werden. Dabei reicht der personalwirtschaftliche Prozess von der Einstellung eines neuen Mitarbeiters bis zu dessen Entlassung, Kündigung oder Berentung. Jeder Vorgang wird sozusagen tarif-oder einzelvertraglich in Euro umgesetzt.

Beispiel: Ein neuer Mitarbeiter wird eingestellt, der Arbeitsvertrag liegt vor. Im Arbeitsvertrag ist die Entgeltgruppe und die vereinbarte Stufe genannt. Der Sachbearbeiter muss nun im IT-System alle Parameter so eingeben, dass ein korrektes Bruttogehalt ermittelt wird. Alle tarifvertraglichen Besonderheiten sind dabei zu berücksichtigen. Einzelvertragliche Abmachungen sind ebenfalls zu berücksichtigen.

Umsetzung der gesetzlichen Vorgaben aus dem Einkommensteuerrecht:

Die Lohnsteuer und die Zuschlagssteuern (Solidaritätszuschlag und ggf. die Kirchenlohnsteuer) sind Abgaben, die bei Arbeitnehmereinkünften vom Arbeitgeber vom Bruttolohn des Mitarbeiters einbehalten werden müssen und als Vorschusszahlungen auf die festzusetzende Einkommensteuer zählen.

Für die korrekte Einbehaltung der Steuern ist der Arbeitgeber nicht nur verpflichtet, sondern er haftet auch für die Korrektheit der Abzüge. Damit steht fest, dass jeder Sachbearbeiter in einer Lohnabrechnungsstelle

Kenntnisse im Lohn- und Einkommensteuerrecht haben muss. Er muss wissen, welche Bruttobeträge der Lohnsteuer unterworfen werden, er muss wissen, wie die Versteuerung nach den unterschiedlichen Steuerklassen erfolgt und er sollte zumindest den Einkommensteuertarif kennen. Zudem sollte er Kenntnisse von Freibeträgen haben und bezüglich der Lohnsteuerrichtlinien immer auf dem Laufenden sein. Besondere Versteuerungsmechanismen wie die des sonstigen Bezugs für Einmalzahlungen und die Fünftelregelung bei Abfindungszahlungen sollte er auch beherrschen.

Am Beispiel von Ziffer 1: Beim neuen Mitarbeiter müssen zunächst die Lohnsteuerdaten vom ELStAM -System abgerufen werden. Erklärungen zu ELStAM (aus www.elstam-info.de): ELStAM steht als Akronym für Elektronische LohnteuerAbzugsMerkmale und wird umgangssprachlich auch als die "elektronische Lohnsteuerkarte" bezeichnet. Dieses elektronische Datenaustauschverfahren ersetzt seit dem 1. Januar 2013 die Lohnsteuerkarten aus Papier und musste im Laufe des Jahres 2013 in jedem Betrieb eingeführt werden, wobei der konkrete Startmonat vom Unternehmen frei bestimmt werden konnte. Hierbei war jedoch zu bedenken, dass die Umstellung nicht mehr rückgängig gemacht werden konnten, sobald sie erfolgt war. Ziel der elektronischen Übertragung der Steuerabzugsmerkmale ist die Vereinfachung des Lohnsteuerabzugsverfahrens in den Unternehmen. Die Steuerabzugsmerkmale, die bisher auf der Vorderseite der Steuerkarte zu finden waren, wie die Steuerklasse, die Zahl der Kinderfreibeträge, der Lohnsteuerfrei- bzw. Hinzurechnungsbetrag und der Kirchensteuerabzug, werden dem Arbeitgeber durch einen elektronischen Datenabruf zur Verfügung gestellt. Diese Informationen sind in einer Datenbank beim Bundeszentralamt für Steuern hinterlegt und können nur vom aktuellen Arbeitgeber abgerufen werden. Um Zugriff auf die Daten der jeweiligen Mitarbeiter zu erlangen, muss der Arbeitgeber jeden einzelnen Arbeitnehmer unter Angabe von

- Geburtsdatum,
- Steueridentifikationsnummer,
- Information ob ein Haupt- oder ein Nebenarbeitsverhältnis vorliegt,
- ob und in welcher Höhe ein nach § 39a Absatz 1 Satz 1 Nummer 7 festgestellter Freibetrag abgerufen werden soll

in der ELStAM-Datenbank anmelden. Das Bundeszentralamt für Steuern übermittelt dann eine Anmeldebestätigung an den Betrieb, in der die ELStAM der angemeldeten Mitarbeiter enthalten sind. Diese Steuermerkmale sind dann bei der nächsten Lohnabrechnung zur Ermittlung des jeweiligen Lohnsteuerabzugs anzuwenden.

Umsetzung der gesetzlichen Vorgaben aus dem Sozialversicherungsrecht:

Neben den Steuerbeträgen muss der Arbeitgeber ebenfalls als verlängerter Arm des Staates die Beiträge zur gesetzlichen Sozialversicherung vom Bruttobetrag der Zahlungen einbehalten. Auch hier haftet er für die korrekte Ermittlung und Abführung der Beiträge. Dabei hat er gleich mehrere Sozialgesetze im Blick zu behalten:

SGB III: Regelt die gesetzliche Arbeitslosenversicherung;

SGB IV: Beinhaltet allgemeine Regeln der Sozialversicherung, gilt also teilweise für jeden Teil des SGB;

SGB V: Regelt die gesetzliche Krankenversicherung;

SGB VI: Regelt die gesetzliche Rentenversicherung;

SGB VII: Regelt die gesetzliche Unfallversicherung;
SGB XI: Regelt die gesetzliche Pflegeversicherung.

Natürlich muss der Sachbearbeiter nur die Passagen der Sozialgesetzbücher kennen, die er zur Umsetzung seiner Aufgaben benötigt. Hierzu zählen jedoch eine ganze Menge: Er muss alle Mitarbeiter im Bereich der einzelnen Zweige der Sozialversicherung richtig einordnen. Allein dafür gibt es eine so große Anzahl von verschiedenen Fällen, dass hierüber ganze Bücher geschrieben werden. Dann muss er die Beitragsverteilung vornehmen, er muss also bestimmen, wie die Beiträge zwischen Arbeitgeber und Arbeitnehmer aufgeteilt werden, denn auch hier gibt es eine Vielzahl von Möglichkeiten.

Am Beispiel von Ziffer 1: Beim neuen Mitarbeiter muss dahingehend geprüft werden, wie er sozialversichert wird. Zunächst wird festgestellt, ob und in welchen Zweigen der Sozialversicherung er versicherungspflichtig ist. In der Regel ist ein abhängig Beschäftigter in allen vier Zweigen, also in der Kranken-, Renten-, Pflege- und Arbeitslosenversicherung versicherungspflichtig. Aber auch hier gibt es zahlreiche Besonderheiten wie Minijob, Gleitzonenfälle („Midijob"), freiwillig Versicherte Mitglieder in der Kranken- und Pflegeversicherung, Privatversicherte, beschäftigte Vollrentner, Beschäftigte mit Befreiung von der Rentenversicherungspflicht als Mitglied in einer berufsständischen Versicherung (wie z.B. Versorgungskammer der Ärzte oder Anwälte), etc.

Hinzu kommt die Zuweisung der Risikoklasse in der gesetzlichen Unfallversicherung, die der Arbeitgeber übrigens alleine finanzieren muss.

Umsetzung der Vorgaben zum Betriebsrenten-

system:

Die meisten großen Unternehmen haben ein Betriebs-
rentensystem eingeführt oder lassen ein solches von
einem externen Dienstleister zumindest ausführen. Die
Tarifvertragsparteien des öffentlichen Dienstes haben
hierzu seit vielen Jahrzenten einen expliziten Tarifvertrag abgeschlossen. Der Sachbearbeiter muss natürlich
die wichtigsten Inhalte des Tarifvertrages und der Sat-
zung der jeweiligen Zusatzversorgungskasse kennen.
Hierzu zählt die Feststellung der grundsätzlichen Versi-
cherungspflicht, die Ermittlung des beitragspflichtigen
Entgelts und die korrekten Beitragsaufteilungen.

Umsetzung sonstiger gesetzlicher Vorgaben:

Hierunter fallen z.B. Abtretungen und Lohnpfändun-
gen. Lohnabtretungen werden vor allem gerne von Ban-
ken zur Sicherung von Darlehen jeglicher Art genutzt.
Sie bedienen sich dabei der Möglichkeit des § 398 BGB,
wonach eine derartige Abtretung als Sicherungsgegen-
stand genutzt werden kann. Leidet der Kredit Not (so
der Fachausdruck), wird er also nicht korrekt zurück-
bezahlt, wird die stille Abtretung offengelegt und dabei
meist dem im Kreditvertrag genannten Arbeitgeber zur
Berücksichtigung vorgelegt. In der Regel ist dann monatlich der pfändbare Teil des Einkommens an die Bank
abzuführen.

Ähnlich verhält es sich mit einer Lohnpfändung. Der
Unterschied besteht darin, dass die Lohnpfändung im
Sinne der Zivilprozessordnung (ZPO) in der Regel auf-
grund einer gerichtlich bestätigten Schuld erlassen wird.
Meist bekommt man als Arbeitgeber in diesem Fall Be-
such von einem Gerichtsvollzieher, der den Pfändungs-
beschluss zustellt. Der Arbeitgeber hat dann direkt beim
Gerichtsvollzieher oder innerhalb einer 14-tägigen Frist

gegenüber dem Vollstreckungsgläubiger eine Erklärung abzugeben, wie es um die Möglichkeit des Pfändungserfolgs steht (sog. Drittschuldnererklärung).

In beiden Fällen, also bei Abtretungen und bei Pfändungen, hat der Sachbearbeiter in der Lohnstelle extreme Sorgfalt walten zu lassen, denn der Drittschuldner begibt sich bei Fehlverhalten immer in die Gefahr der Regresszahlungen an die Gläubiger. Hinzu kommt im Falle der Konkurrenz von Abtretung und Pfändung die Prüfung, was zuerst zu bedienen ist. Und leider kommt es in den Personalfällen, in denen gepfändet wird, auch häufig vor, dass eine stille Abtretung von einem früheren Kreditvertrag offengelegt wird.

Insofern ist diese Aufgabe sehr herausfordernd und verlangt dem Sachbearbeiter einiges ab. Als ich noch in der Personalverwaltung derartige Dinge zu bearbeiten hatte oder dafür als Gruppenleiter verantwortlich war, hatte ich einen „geflügelten Spruch" dafür: „Du stehst bei den Sachen mit einem Bein immer im Gefängnis!" Das war etwas übertrieben, aber es soll verdeutlichen, dass man in jedem Fall aufpassen muss.

13. Das Personalcontrolling/Organisationsmanagement

Das Personalcontrolling ist zunächst mal nicht so weit vom „normalen" betrieblichen Controlling entfernt. Denn es geht auch hier um den ständigen Abgleich von Soll und Ist und es wird mit Kennzahlen gearbeitet.

Die Planung, Steuerung und die Kontrolle der personalwirtschaftlichen Aktivitäten spielen dabei eine wichtige Rolle. Damit das gelingt, sammelt das Personalcontrolling sämtliche personalrelevanten Daten eines Unternehmens, bereitet sie auf und wertet sie aus. In der Regel werden hierfür Kennzahlen erstellt, die dann einen besseren Soll-Ist-Abgleich ermöglichen. Außerdem sind diese Kennzahlen oftmals für personalwirtschaftliche Entscheidungen grundsätzlicher Art wichtig. Derartige Kennzahlen können sein:

- Mitarbeiterzahlen
- Kostenstrukturen
- Personalplanung
- Risikomanagement
- Bildungsbedarfsanalyse
- Organisationseinheiten
- Planstellen
- Fehlzeitenstatistiken
- Weiterbildungsaufwand

Kennzahlen sollten nicht zum Selbstzweck vorgehalten werden. In meiner Praxis habe ich in diesem Bereich einiges Kurioses gesehen. Es gibt Verwaltungen und Betriebe, die mehrere Mitarbeiter damit beschäftigen, sich derartigen Kennzahlen zu widmen. Bei genauerem Hinsehen sind die Kennzahlen weder strategieentscheidend noch entscheidend für die Risikofestsetzung des Unternehmens. Kommt dann noch hinzu, dass tatsächlich ein aktives Controlling in Form von Nachfragen in den einzelnen Profit- oder Kosten-Centern (Fachabteilungen) stattfindet, dann kann man sich in etwa ausmalen, wie viele Ressourcen gebunden werden.

Natürlich ist das Personalcontrolling sehr wichtig. Aber es sollte zielgerichtet und ressourcenschonend aufgestellt sein. Dabei muss sich das Unternehmen so positionieren, dass die wichtigsten personalwirtschaftlichen Aspekte Berücksichtigung finden. Dabei müssen Betriebsrisiken und die Unternehmensstrategie ganz oben auf der Pflichtliste stehen.

Am Beispiel unseres Unternehmens möchte ich diesen Auftrag darstellen: Im Rahmen einer Benchmark haben wir unserem Unternehmen vor vielen Jahren eine „Personal-Diät" verordnet. Mit einem vernünftigen Tarifvertrag und einem guten arbeitnehmerfreundlichen Interessenausgleich haben wir angefangen sozialverträglich Stellen abzubauen. In einem derartigen Umgestaltungsprozess sind im Bereich des Personalcontrollings natürlich vordergründig die Mitarbeiteranzahlen und die Kosten im Blick zu behalten. Nur so war es möglich, den eingeschlagenen Weg vernünftig zu überwachen.

Heute, im Jahr 2018, sind wir in ruhigem Gewässer unterwegs. Die Strukturen sind gefestigt, die Prozesse verschlankt und effizient und die Kostenstruktur ist marktgerecht. Jetzt gelten ganz andere Prämissen. Heute schauen wir uns auch nur sehr wenige Kennzahlen an:

1. Mitarbeiterzahl in VZK (Vollzeitkräfte): Diese Kennzahl ist sicherlich eine der am häufigsten genutzten Kennzahl. Sie gibt an, wieviel VZK auf welche Kostenstelle (in der Regel eine Abteilung, Gruppe oder Sachgebiet) verbucht werden. Dabei werden Teil-

zeitanteile zusammengezählt. Insofern weicht diese Zahl von der Anzahl der Mitarbeiter immer ab. Die abgestimmten Werte sind auch die Basis für die Personalkostenplanung und für die Erstellung der Wirtschaftspläne.

2. Fehlzeitenquote: Das Gabler Wirtschaftslexikon definiert diese Kennzahl folgendermaßen (Quelle: Gabler Wirtschaftslexikon 2018): Die Fehlzeitenquote zeigt auf, welcher prozentuale Anteil der Sollarbeitszeit durch Fehlzeiten verloren geht: Fehlzeiten / Sollarbeitszeit * 100 = x %.

    Beispiel: 100 VZK-Mitarbeiter erzielen eine Sollarbeitszeit von 210.000 Stunden/Jahr.

    Es werden in dem zu beurteilenden Jahr 4.000 Stunden Fehlzeiten gebucht.

    Fehlzeitenquote damit: 4.000 / 210.000 * 100 = 1,9%.

    Diese Kennzahl kann immer richtungsweisend sein. Sie ist Anhaltspunkt für die Historie, für den Status Quo und ggf. für die Zukunft. Außerdem lässt sie sich ohne großen Aufwand darstellen. Moderne Zeitwirtschaftssysteme liefern diese Daten in der Regel gut aufbereitet.

3. Arbeitszeitkonten: Diese Darstellung ist eher keine Kennzahl, aber trotzdem im Bereich des Tarif-Controllings wichtig. Wir haben via Betriebsvereinbarung flexible Arbeitszeiten mit einem Rahmen gesteuert, deren Grenzen in einem Ampelkonto festgelegt sind. Zur Überwachung werden die Arbeitszeitkonten für die Führungskraft gelistet und zwar zusätzlich zu einem ohnehin einsehbaren „Chefmodi" im Zeitwirtschaftssystem.

4. Personalkosten: Auch die Personalkosten sind ein wichtiger Faktor, der mit einfachen Mitteln darge-

stellt werden kann. Das Controlling in diesem Bereich sollte allerdings nicht zu eng gezogen werden. Will man z.B. Monatsabweichungen ständig erklären können, wäre der Aufwand dazu hoch und der Nutzen eher marginal. Eher sollte man hier einen vernünftigen längerfristigen Modus finden (z.B. Quartal/Halbjahr).

Diese vier Kennzahlen bilden wir in Monatsreports für jeden Abteilungsleiter ab. Wir nennen es „Management-Cockpit". Der Ressourcenaufwand dazu ist überschaubar und die internen Rückfragen vermindern sich. Die im Haus tätigen Center-Controller, also Mitarbeiter, die im Center die Kostenverantwortung haben, machen die Soll-Ist-Analyse vierteljährlich. Die seitens der Personalwirtschaft zur Verfügung gestellten Kennzahlen reichen dazu gut aus.

Ein richtig entscheidender Punkt des Personalcontrollings hat eigentlich nur am Rande mit einer mathematischen Kennzahl zu tun. Es geht um die Risikoabschätzung für das Vorhandensein von wichtigem Personal. Und das ist die Königsdisziplin der Personalwirtschaft und damit auch des Controllings.

Entlang eines Zeitstrahls kann man hier unter Einbeziehung des bekannten Regelbedarfs Meilensteine ausmachen, zu denen personalwirtschaftliche Aktionen notwendig sind. Der Zeitstrahl kommt bei uns aus den Daten des Organisations-Management-Systems. Alle Sollstellen sind darin gelistet und organisatorisch zugewiesen. Hinzu kommen die Daten aus den Regeln des Tarifrechts zum Ausscheiden von Mitarbeitern oder bekannten vorzeitigen Austritten (z.B. aufgrund Altersteilzeitarbeit oder einer Befristung).

Damit sind wir in der Lage, die Zukunft zumindest mit

den bekannten Parametern zu simulieren. Kennt man dann noch die notwendigen Kompetenzmodelle (bei uns Jobfamilien) und deren Entwicklungszeit, kann man den Nachfolgeplanungsprozess fast schon mathematisch ermitteln.

Unbekannte Einflussgrößen lassen sich selbstverständlich nicht abbilden. Anomalien in der Fluktuation können nicht eingeplant werden. Treten sie allerdings auf, muss reagiert werden. Kündigt z.B. ein Mitarbeiter in exponierter Stellung unerwartet, bleibt für die Nachfolgeplanung in der Regel nicht die Normzeit für den Such- und Nachfolgeprozess. Aber mit dieser unbekannten Größe muss ein Unternehmen klarkommen. Natürlich gibt es bei Positionen und deren Inhabern eine sehr große Spanne von Wichtigkeit bzw. kritischer Notwendigkeit. Die Skala geht hier von unkritisch bis hoch kritisch. Eine sehr gute Organisationsaufstellung sorgt daher dafür, dass es nur so wenig wie möglich Positionen mit der Skalierung „hoch kritisch" gibt. Dies gelingt nicht immer, kann aber z.B. mit einer Art „Back-up-System" weitestgehend vermieden werden.

Auch dafür habe ich ein tolles Beispiel aus meiner Praxis: Ein Mitarbeiter von mir, der vor kurzer Zeit in den wohlverdienten Ruhestand ging, war verantwortlich für die Personalkostenplanung und das Organisations-management. Er war ein sehr IT-affiner Mitarbeiter, hatte also im Bereich Datenverarbeitung sehr gute Kenntnisse. So hat er schon immer Datenabzüge aus den Mastersystemen mit eigenen Programmen (Excel-Sheets mit umfangreichen Makros) in fantastischer Art und Weise aufbereitet. Aber er war in gewisser Hinsicht eine Art „One-Man-Band". Niemand verstand die Makros und die Verarbeitung der Daten. Das war brandgefährlich. Wäre er plötzlich ausgefallen, hätten mein Stab und ich bei Null anfangen müssen. Im Rahmen seiner Nach-folgeplanung haben wir das nun alles umgestellt. Der neue Stelleninhaber arbeitet zwar auch autark, hat aber einen nachvollziehbaren Prozess aufgestellt und außer-dem ein gutes Backup. Außerdem nutzt er überwiegend Standardprogramme, die im Vertretungsfall gut genutzt werden können.

14. Die Unterstützer (Coaches, Trainer und Mediatoren)

Für die notwendigen Weiterentwicklungen der Mitarbeiter im Unternehmen benötigt man Unterstützer. Neben der Grundausbildung eines Mitarbeiters (Duale Ausbildung, Duales Studium, Hochschulstudium) bedarf es sehr viel mehr, um seinen Job erledigen zu können. Großen Raum nimmt dabei das Training on the Job ein, also direkt im Doing bei der Aufgabe zu lernen.

Daneben sind jedoch gezielte Maßnahmen notwendig (siehe Kapitel PE-Maßnahmen). Die Umsetzung kann oftmals nicht direkt vom Unternehmen vorgenommen werden. Vielmehr bedient man sich hierfür meisten freier Mitarbeiter.

Coach

Laut Duden ist ein Coach jemand, der [anhand von wissenschaftlich begründeten Methoden] einen Klienten berät und betreut, um dessen berufliches Potenzial zu fördern und weiterzuentwickeln (Quelle Duden 2018).

Überall da, wo Menschen sich entwickeln wollen (oder sogar müssen), ist es hilfreich, eine Unterstützung zu haben. Auch und gerade in der Personalarbeit greift man gerne auf solche Profis zurück. Stellen sie sich vor, Ihr Chef führt mit Ihnen ein Mitarbeitergespräch und spricht Sie auf folgende Situation an:

Es ist eine neue Position zu besetzen, für die er Sie gerne gewinnen möchte. Er sagt Ihnen aber auch ohne Umschweife, dass Sie für diesen neuen Job noch mehr an „Format" gewinnen müssen, Sie hätten auf der Position große Außenwirkung und müssten daher lernen „mehr zu entertainen". Er könnte sich vorstellen, dass Sie das packen und bietet Ihnen dafür ein Coaching an, das er gerne bezahlen würde.

Wie funktioniert Coaching? Zunächst werden Sie sich auf die Suche nach einem Coach machen. Die Personalabteilungen, hier meist die Personalentwicklung, haben oftmals Erfahrungen mit Coaches und Trainern. Dort bekommt man die ersten Tipps für einen Coach. Diesen schauen Sie sich aber zunächst nur an und führen ein erstes Gespräch zum Kennenlernen und Beschnuppern. Ein derartiges Zusammenkommen kann gut und gerne mit einem Arzt-Patienten-Verhältnis verglichen werden, denn es werden zum Teil sehr intime Dinge besprochen.

Ist die Schnupperphase abgeschlossen, wird der genaue Inhalt des Coachings zu ermitteln sein. Ein guter Coach wird den Auftrag mit Ihnen schrittweise klären. Danach starten die Coachingeinheiten, deren ungefähre Dauer festgelegt ist. Die Dauer hängt davon ab, wie umfangreich die Ziele beschrieben sind. Am obigen Beispiel festgemacht wird sicherlich zunächst zu klären sein, wo Sie im Status Quo stehen. Sind Sie schon ein kommunikativer Mensch mit Empathie und Eloquenz, wird es sicherlich nicht so lange dauern. Ist sich der Coach nicht sicher, könnte z.B. eine bekannte Eignungsdiagnostik genutzt werden (siehe eigenes Kapitel).

Was kostet ein Coaching? Im beruflich notwendigen Kontext zahlt das Coaching meistens der Chef, sprich das Unternehmen. Coachings preisen sich aus meiner Erfahrung zwischen 150 und 250 EUR pro Stunde ein und sind damit ein eher kostspieliges Instrument der Unterstützung.

Wann ist ein Coaching erfolgreich? Dafür gibt es immer eine klare Antwort: Wenn das Coachingziel erreicht ist!

Da wir es hier aber nicht mit einer genau bewertbaren

Größe zu tun haben, liegt dies immer im Auge des Betrachters.

Ich habe in meiner Praxis schon sehr viele Situationen erlebt, in denen Kollegen (meist Führungskräfte) ein Coaching durchgeführt haben, z.B. als Folge eines Managements-Audits. In einigen Fällen habe ich bewusst eine Besserung der Fähigkeiten erlebt, in anderen nicht. Meine eigene Meinung dazu ist, dass es Menschen gibt, bei denen ein Coaching abperlt wie ein Tropfen Wasser an einem gewachsten Auto. Man darf deshalb auch nicht glauben, dass man jeden Menschen formen kann bis es opportun ist. Wissenschaftlich relativ valide ist die Tatsache, dass ein Mensch bis zu einem jungen Alter von knapp acht Jahren seine Grundprägung abgeschlossen hat. Wie sollte dann ein Mensch in zehn Coaching-Einheiten geändert werden?

Trotzdem möchte ich eine Lanze für das Coaching brechen, denn zum einen gibt es sehr viele Menschen, die offen und veränderbar sind und zum anderen bleiben einige Sachen aus dem Coaching immer hängen. Zumindest bringt es den Coachee zum Nachdenken über die aktuelle Situation, was auch gut sein kann.

Trainer

Beim Trainer hingegen weiß man, dass er jemand ist, der im sportlichen Kontext jemanden anleitet und unterstützt, um Ziele zu erreichen. Natürlich lässt sich das schnell in den betrieblichen Kontext übersetzen. Ein betrieblicher Trainer unterstützt in allen betrieblichen Belangen.

Trainer können z.B. Weiterbildungsmaßnahmen leiten, wie die Vermittlung des Know-How für ein im Unternehmen auszurollendes IT-System. Weiterhin können sie Fachseminare leiten oder Workshops steuern und moderieren.

Grundsätzlich kann man sagen, dass Trainer im Gegensatz zu Coaches eher fachlich/sachliche Themen begleiten. Oftmals sind die freien Mitarbeiter, die für ein Unternehmen arbeiten, in der Lage beides anzubieten, da sie sowohl eine Coach- als auch eine Trainerausbildung haben.

Mediator

Ein Mediator ist laut Wikipedia ein Vermittler in einem Kommunikationsprozess. Selbst deutsche Gerichte nutzen diese Vermittlung zur Beilegung von Konflikten (Quelle: Wikipedia 2018).

Bestehen also Konflikte, die eher nur zweiseitig geklärt werden können (im Gegensatz zum Coaching, denn da wird nur ein Mensch trainiert), bietet sich eine Mediation an. Dabei werden die Standpunkte beider Parteien aufgenommen und versucht, diese aufeinander zuzubewegen. Auch derartige Einsätze durfte ich schon etliche Male erleben. Die Erfolgsquote ist fifty-fifty. Aber das ist gut, wenn man weiß, wie festgefahren Situationen sein können. Jeder Schritt aufeinander zu, ist ein kleiner Gewinn und zwar für die Mitarbeiter und für das Unternehmen.

Von 2014 bis 2016 habe ich selbst eine Management-Coach-Ausbildung bei Kienbaum absolviert. Diese modulare Weiterbildung fand über diese zwei Jahre hinweg immer wieder an Blocktagen statt. Ich wollte unbedingt einen weiteren Blick hinter die Kulissen der möglichen Wege werfen und bin sehr froh, dies gemacht zu haben.

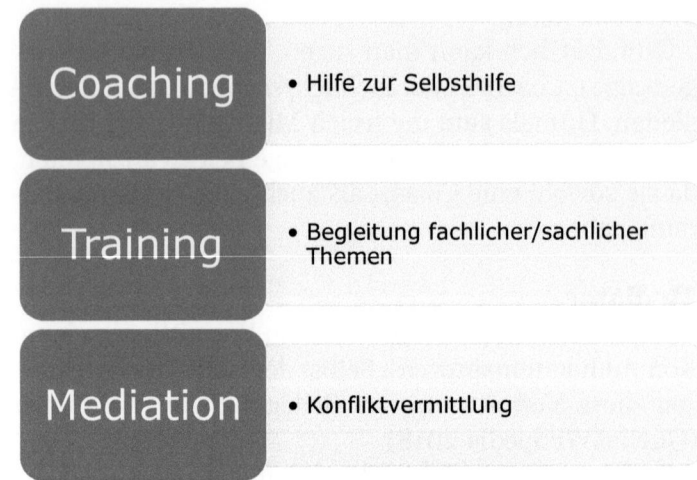

Abb. 21: Übersicht der drei Möglichkeiten

15. Die Eignungsdiagnostiken

In meiner betrieblichen Praxis konnte ich Erfahrungen in folgenden Eignungsdiagnostiken sammeln:

- Assessment-Center (AC)
- Development-Center (DC)
- Auditierung (Management-Audit)
- Team Management Systems (TMS)
- Insights Discovery
- 360°-Feedback

Kennen Sie sich eigentlich selbst gut genug? Wissen Sie, wo Ihre Leistungs- und Erträglichkeitsgrenzen sind? Können Sie sich gut reflektieren? Ich kann von mir heute behaupten, dass mir das eigentlich ganz gut gelingt. Aber wieso kann ich das? Habe ich das lernen müssen? Ist das angeboren? Die Antwort ist sehr simpel: Jeder Mensch ist wie er ist! Doch weiß er, wie er ist?

Diese Frage kann mit einigen der genannten Diagnostiken tatsächlich beantwortet werden. Diese sind auch kein psychologischer Schabernack und haben nichts mit Kopfwäsche zu tun. Es ist vielmehr wissenschaftlich bewiesen, dass es funktioniert. Damit man sich einen Überblick verschaffen kann, schildere ich gerne die aus meiner Praxis bekannten Möglichkeiten. Ich erkläre zunächst den systemischen Ansatz und berichte dann aus Praxisanwendungen von meinen Erfahrungen:

Assessment-Center (AC)
Das Assessment-Center ist ein strukturiertes Personalauswahl- und Personalbewertungsverfahren, das Unternehmen zur Rekrutierung und Bewertung von Mitarbeitern einsetzen. Meist werden dazu Situationen aus

der Praxis nachgestellt, in denen sich der Teilnehmer des Assessment-Centers behaupten muss. Hierbei werden die Teilnehmer von geschultem Personal beobachtet. Diese Beobachter sind entweder Mitarbeiter aus der Personalabteilung oder externe Berater.

Es soll also bewertet werden, ob ein Mitarbeiter (oder ein Bewerber) die nötigen Kompetenzen und Eigenschaften mitbringt, die für den Job verlangt werden.

ACs sind zeitlich unterschiedlich aufgestellt. Je nachdem wie umfangreich die abzufragenden Fähigkeiten sind, können diese von wenigen Stunden bis hin zu einem vollgefüllten Tag dauern. Ziel ist es, die für den Job erforderlichen Eigenschaften und Fähigkeiten unter realitätsnahen Bedingungen zu testen und so eine möglichst objektive Einstellungsentscheidung treffen zu können. Auch ein AC ist natürlich nicht perfekt und lässt vielfältige Fehlermöglichkeiten zu. Letztlich kann ein Mensch nie fehlerfrei über einen anderen Menschen urteilen und schon gar nicht in einem nur mehrstündigen Beobachten.

Dennoch reduzieren Assessment-Center viele Fehlerfaktoren, wie subjektive Eindrücke aus Bewerbungsgesprächen oder die Fokussierung auf einige wenige Entscheidungsfaktoren.

Aus eigener Erfahrung kann ich das absolut bestätigen. In vielen Fällen mit einem durchgeführten AC war es uns fast immer möglich, den vermeintlich richtigen Kandidaten auszusuchen. Die Feedbacks nach Einstellung des Mitarbeiters, die ich seitens der Führungskräfte erhalten habe, waren fast ausschließlich gut.

Development-Center (DC)

Ein Development-Center (von Englisch develop = ‚entwickeln‘) ist eine Variante des Assessment-Centers, in dem das individuelle Entwicklungspotenzial eines Teilnehmers im Hinblick auf weiterführende Aufgaben erfasst wird. Hierzu werden die Bewerber in diverse Situationen versetzt und im Umgang mit diesen bewertet. Oftmals nennt man den DC auch Entwicklungs-AC. Stellt das AC die Eintrittskarte bereit, kann der DC den weiteren Weg bestimmen.

Oftmals findet man auch eine Kombination aus AC und DC. In dem Fall ist die Bandbreite der auf dem Prüfstein stehenden Fähigkeiten und Eigenschaften einfach breiter aufgestellt.

Auditierung (Management-Audit)

Wikipedia hat auch hierfür eine passende Definition (Quelle: Wikipedia 2018): Der Begriff Management-Audit bezeichnet eine systematische Einschätzung von Kompetenzen und Leistungspotenzialen von Führungskräften im Hinblick auf den strategischen Erfolg eines Unternehmens (gemessen am Unternehmenswert oder an der Erfüllung von Erwartungen der Stakeholder).

Bei einem Management-Audit warten speziell abgestimmte Aufgabenstellungen darauf, von den angehenden oder bestehenden Führungskräften gelöst zu werden. Die Audits sind dabei so aufgebaut, dass sie nach der Durchführung eine verwertbare Aussage darüber treffen, ob eine Führungskraft der Aufgabe gewachsen ist. Natürlich werden die Ergebnisse in der Regel skaliert, so dass man, ähnlich wie in Schulnoten, eine Bewertung hat.

Die Aufgabenstellungen sind dabei so gewählt, dass sie zum Kompetenzbedarf passen. Ein Marketingunternehmen wird Aufgaben speziell aus dem Bereich des Marketings aufsetzen, während ein Unternehmen aus dem Energieversorgungsbereich sicherlich spezielles Ingenieur-Knowhow favorisiert. Fast in jedem Fall kommen jedoch Prüfungen aus dem Bereich der Führung und der Unternehmenssteuerung dazu, oftmals auch aus den typischen Bereichen der Betriebswirtschaftslehre.

Gefürchtet sind derartige Audits bei Managern immer dann, wenn sie dazu dienen, Selektionen vorzunehmen (z.B. bei Firmenübernahmen). Im besseren Fall wird das Audit nur zur Standortbestimmung genutzt, also als eine Art Bestandaufnahme mit der Möglichkeit, die Entwicklungsfelder auszumachen um sie ggf. zu verbessern. Manchmal werden Audits auch dazu verwendet, den richtigen Manager an den richtigen Platz zu bekommen etwa bei größeren Organisationsänderungen.

Team Management Systems (TMS)

Wikipedia beschreibt dies folgendermaßen (Quelle: Wikipedia 2018): Team Management Systems (TMS) steht für ein Instrumentarium zur systemischen Organisations- und Personalentwicklung, das von den australischen Wissenschaftlern Charles Margerison und Dick McCann Mitte der 1980er Jahre entwickelt wurde.

Grundlage ist ein auf Selbstbeschreibung beruhender Persönlichkeitstest (auch TMP – Team Management Profile genannt) mit Aussagen zu Entscheidungsfindung, Informationsverarbeitung, Organisations- und Kommunikationsverhalten. Inhaber der weltweiten Rechte an TMS ist die TMS International Inc. mit Sitz in Brisbane.

Die acht Arbeitsfunktionen des Team Management Systems: Grundlage für die Anwendung des Team Management Systems ist ein standardisierter Profilbogen mit 60 Fragen, die jeder Mitarbeiter eines Teams beantworten muss. Aus den Antworten wird ein Bericht über die Arbeitspräferenzen jeder Person erstellt, der eine bessere Zuordnung der jeweiligen Aufgaben in einem Team ermöglichen soll.

Das Team Management System basiert auf der Annahme, dass sich jedes Team in acht sogenannte Arbeitsfunktionen gliedert, um erfolgreich zu arbeiten: Promoten, Entwickeln, Organisieren, Umsetzen, Überwachen, Stabilisieren, Beraten und Innovieren. Diese werden den Mitarbeitern zugeordnet und wiederum in die vier sogenannten Arbeitspräferenzen Entdecker, Organisatoren, Controller und Berater eingeteilt. Sie geben eine Art Rolle wieder, die jede Person eines Teams gemäß ihrem Persönlichkeitsprofil einnehmen möchte und bevorzugt ausführen kann.

Unter den sogenannten Linking Skills des Team Management Systems werden zentrale Führungsaufgaben und -funktionen definiert, die jedes Mitglied eines Teams entwickeln kann, um die zuvor herausgearbeiteten Teamrollen zu verbinden. Es werden insgesamt 13 Fähigkeiten wie Aktives Zuhören oder Delegation benannt.

Auch hier kann ich aus persönlicher Erfahrung berichten. Zu Beginn meiner Zeit als Personalleiter wollte ich unbedingt das TMS selbst testen. Bei einem unserer Berater und Trainer bekam ich damals einen Onlinezugang zu den 60 Fragen, die er mir dann nach den dortigen Vorgaben strukturiert ausgewertet hat. Was soll ich sagen? Das Ergebnis war verblüffend, denn ich bekam in einem gut aufbereiteten Dossier einen Spiegel vorgehalten. Alles was da stand, passte. Das war ich und das bin ich bis heute. Ich kann nur besser damit umgehen. An einen bestimmten Teil der Auswertung erinnere mich noch sehr gut, war dies doch so erfrischend und zutreffend. Mein „Ich" wurde also in etwa so beschrieben: „Sie sind manchmal in ihrem Schaffensdrang so gefangen, dass Sie die Menschen um Sie herum vergessen mitzunehmen!"

Ich gab das Dosiere auch meiner Frau zum Lesen und sie bemerkte zu dieser Passage: „Siehst du, das sage ich dir doch auch immer wieder!"

Auch heute schaue ich noch ab und zu in die alten Unterlagen und muss dann immer schmunzeln. Ich erkenne mich noch immer gut und weiß mit den Ergebnissen umzugehen. Ich weiß auch, dass sich einige der Charakter-eigenschaften gar nicht grundlegend ändern lassen. Ich versuche jedoch wenigstens mich in den Situationen, in denen mir Dinge klarer werden, ein wenig anders zu verhalten. Z.B. versuche ich in den Situationen, in denen ich mal wieder im Schaffensdrang bin, nicht völlig mit Tunnelblick unterwegs zu sein. Ganz bewusst gönne ich mir und den Menschen um mich herum eine extra Runde Aufmerksamkeit.

Insights Discovery®

www.zeitzuleben.de beschreibt INSIGHTS Discovery® recht gut (Quelle: Zeitzuleben.de 2018): INSIGHTS Discovery® ist ein modernes, computerunterstütztes System, das auf der Basis von C.G. Jungs Persönlichkeitstypologie typspezifische Verhaltensweisen bei Menschen aufzeigt. Auf Basis eines kurzen Fragebogens, der in ca. 15-20 Minuten zu beantworten ist, wird ein (je nach Ziel-/Kunden -Anforderung) 20 bis 40-seitiger Report (Inhalte s. unten) mit einer hohen Validität und Reliabilität erstellt. Es wird durch die INSIGHTS®Discovery- Organisation über 30 Ländern eingesetzt und vertrieben. Der Fragebogen liegt in 22 Sprachen und die INSIGHTS®-Reports derzeit in 16 Sprachen vor!

Innerhalb der Erstellung des persönlichen INSIGHTS Discovery® Reports, die sogar per Internet online möglich ist, gibt der Report ausgiebig Auskunft über:

Allgemeine Eigenschaften, Interaktion mit anderen, Treffen von Entscheidungen, Stärken und Schwächen, Teamorientierung, Kommunikation, Motivierbarkeit, Führungsstil, Verkaufspräferenzen, Zeitmanagement, Fragen für Einstellungsgespräche etc. und die grafische Darstellung der persönlichen Präferenzen nach C.G. Jung.

Der Test ist gut vergleichbar mit dem oben beschriebenen TSM. Die Auswertung ist ähnlich gut aufgebaut. Ist jeder Teilnehmer bei der Beantwortung der Fragen ehrlich, wird er eine gute Darstellung seines Selbstbildes bekommen.

Coaches und Trainer, die dieses Modell einsetzen, müssen dafür zertifiziert sein. In unserem Unternehmen nutzen wir diesen Test für Mitarbeiter mit Führungsfunktion, die nach Durchlauf aller modularen Fortbildungsmaßnahmen für Führungskräfte noch „Lust" darauf haben sich besser kennenzulernen. Wir sind in der glücklichen Lage, dass meine Mitarbeiterin die dauerhafte Zertifizierung für Insights® besitzt und außerdem die Ergebnisse mit den Kollegen gleich gemeinsam reflektiert.

360°- Feedback

Beim 360°- Feedback werden in strukturierten Fragen Kompetenzen einer Führungskraft abgefragt. Im Vorfeld werden die abzufragenden Kompetenzen festgelegt. Dann werden Mitglieder der Organisation, welche mit der Führungskraft zu tun haben, zu diesen festgelegten Kompetenzen befragt - dies geschieht in einer festgelegten Skalierung. In der Regel sind dies folgende

Personen:

- Die direkte Führungskraft der Testperson
- Mehrere Personen auf gleicher hierarchischer Ebene der Testperson
- Mehrere Personen, die Mitarbeiter der Testperson sind
- Eventuell noch andere wichtige Personen und Stakeholder

Schließlich muss sich die Testperson selbst einschätzen, er oder sie muss also die Feedbackfragen zu seiner Person selbst beantworten.

Die Abfragen werden natürlich anonymisiert in einem System erfasst und dort direkt ausgewertet. Entlang aller abgefragten Kompetenzen sieht man in der Auswertung dann sehr genau, wie man bewertet wurde und vor allem von welchem Bereich welche Bewertung stammt. Ein sehr wichtiges Indiz ist außerdem die Eigeneinschätzung. Diese sollte bei gesunder Selbsterkennung ungefähr auf der Gesamtlinie aller anderen Bewertungen sein. Je mehr die Linien abweichen, desto unklarer ist die Person eingeschätzt, was wiederum ein auffälliger Befund wäre.

In meiner betrieblichen Praxis konnte ich bereits zweimal an einem 360° - Feedback teilnehmen (2011 und 2015). Gleich vorweg: Meine Eigenwahrnehmung lag immer gut auf Kurs zum Gesamtfeedback, wenn ich mir auch in einzelnen Kompetenzen bessere Leistungen wünschen würde. Aber auch hier gilt: Man ist, wer man ist!

Ich konnte aber auch Ergebnisse sehen, die einem den Schweiß auf die Stirn treiben. Liegt z.B. die Eigeneinschätzung sehr hoch, alle Feedbackgeber sehen jedoch

die Bewertung viel schlechter, ist das die schlechtmög-
lichste Situation. In einem solchen Fall sind Gespräche
notwendig um Korrekturen vorzunehmen, wenn dies
überhaupt möglich ist.

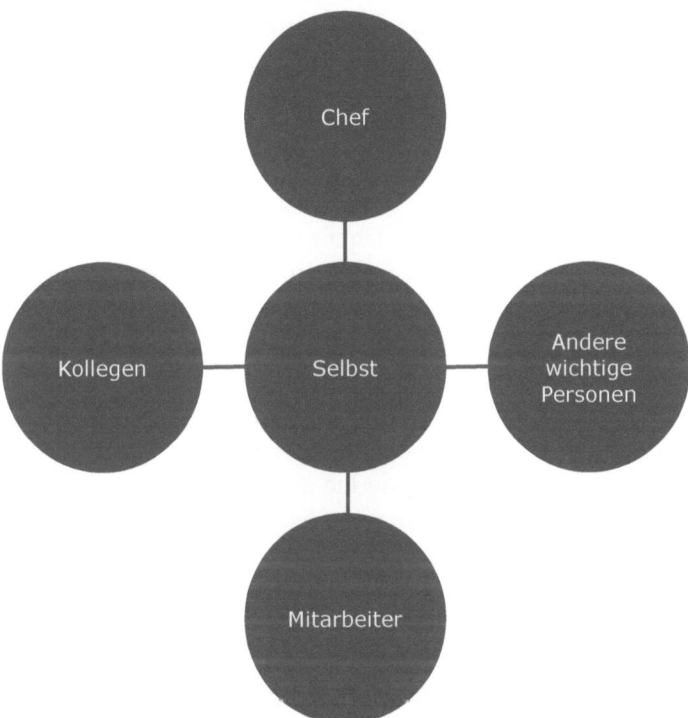

Abb. 22: Schaubild 360°-Feedback

16. Die Personalabteilung als aktiver Posten im Unternehmen

Stellen Sie sich folgende Situation vor: Sie sind Sachbearbeiter in der Gehaltsabrechnung einer großen Kommunalverwaltung. Ein Mitarbeiter hat eine Frage zu seiner Lohnabrechnung, die Sie ihm schnell erklärt haben. Dann hat er auch noch Fragen zu seiner persönlichen Arbeitsvertragsgestaltung. Sie könnten ihm das problemlos beantworten, jedoch ist es intern „verboten", da eine „Ansage" Ihres Chefs klarstellt, dass derartige Anfragen eine andere Stelle in der Personalabteilung machen muss. Andere Situation: Eine Führungskraft im Haus macht bei der Beantragung einer personalwirtschaftlichen Maßnahme einen Fehler. Der verantwortliche Personalsachbearbeiter erkennt zwar, dass der Fehler schnell zu korrigieren ist, schickt aber den Vorgang unverrichteter Dinge wieder an Absender zurück und zwar über den zuständigen Geschäftsführer mit einem ausgiebigen Hinweis zu dem Fehler.

Das sind Beispiel dafür, wie eine Personalabteilung nicht arbeiten sollte. Das ist old school und graue Eminenz. Eine Personalabteilung ist der interne Dienstleister für alle Organisationseinheiten zur Umsetzung aller notwendigen Maßnahmen bezüglich des Personals (HR-Prozesse). Sie ist im Unternehmen meist als Querschnittsfunktion aufgestellt und immer Costcenter. Schon allein deshalb muss sie aktiver Partner aller Führungskräfte und aller Mitarbeiter sein, denn schließlich erwirtschaften die anderen Organisationseinheiten die Umsätze und Gewinne, mit denen alles bezahlt wird. Leider kommt es immer wieder vor, dass dieses Verständnis der notwendigen Dienstleistung nicht bei jedem Mitarbeiter aktiviert ist. Das findet jedoch leider in fast jedem Dienstleistungssektor. Ihnen ist es sicher auch schon mal beim Besuch einer staatlichen Stelle so gegangen, dass Sie meinten, Sie wären im falschen Film. Ein Beamter, den Sie mit ihren Steuern bezahlen, benimmt sich, als wäre er der Wächter allen Ursprungs. Die Einstellung meiner Mitarbeiter ist im Großen und Ganzen eine gute Einstellung. Jeder ist sich seiner besonderen Stellung bewusst, ist aktiver Personaler und versucht Probleme zu lösen und nicht zu verschlimmern. Mein komplettes Team versucht dem Dienstleistungsgedanken gerecht zu werden.

Organisatorisch sind wir direkt dem Geschäftsführer der Holding unterstellt, die wiederum allen anderen Firmen gegenüber weisungsberechtigt ist. Als Querschnittsfunktion übernehmen wir im Rahmen eines Dienstleistungsvertrages die Personalarbeit für alle Tochter- und Enkelfirmen. Gerade weil wir im Auftrag unserer Einzelfirmen arbeiten, ist es wichtig, dass diese mit bestmöglicher Qualität ihre Personalarbeit erledigt bekommen. Im Sinne einer Richtungskompetenz und auch als Wächter der Arbeits- und Steuergesetze, der Tarifverträge und der Betriebsvereinbarungen ist es natürlich gut, die Position in der Nähe der Dachgeschäftsführung zu haben, das ist zweifelsohne so. Insbesondere aber die grundlegende Personalarbeit, nämlich Strategie, Personalpolitik, aber auch Tarif- und Betriebsverfassung, funktionieren nur mit relativer Nähe zum Hauptgeschäftsführer. Abstimmungen mit dem Betriebsrat sind dadurch effektiv zu gestalten.

Eine Personalabteilung darf sich nicht als Oberlehrer aufspielen, darf aber auch keine graue Eminenz sein. Sie muss aktiver Gestalter sein, muss für alle Probleme rund um die Personalarbeit Lösungen anbieten können und muss eine große Beratungskompetenz haben. „Geht

nicht, gibt´s nicht" sollte oberstes Ziel sein. Selbstverständlich gehört es auch dazu „Nein" sagen zu können,
insbesondere im Rahmen der Aufgabe als Wächter der
Vereinbarungen.

Die Personalabteilung braucht Mitarbeiter, die offen
und emphatisch sind, in schwierigen Situationen aber
trotzdem einen kühlen Kopf behalten. Für neue Themen und insbesondere in Change-Situationen muss
ebenso ein wenig Entertainment dabei sein.

17. Die Personalabteilung auf der grünen Wiese

„Der richtige Mitarbeiter zur richtigen Zeit am richtigen Ort." Das wäre mein Werbespruch, wenn ich für eine Personalabteilung einen Werbefeldzug starten müsste. Letztlich ist das die wichtigste Aufgabe einer Personalabteilung. Hinzu kommen natürlich auch die Themen wie Personalabrechnung und Controlling. Was alles dazu benötigt wird, um dieses Ziel zu erreichen, habe ich versucht in den einzelnen Kapiteln zu beschreiben. Zusammenfassend kann man die wichtigsten Aufgaben wie folgt darstellen.

Im Endeffekt dienen sie jedoch immer wieder dem großen oberen Ziel, nämlich die Mitarbeiter optimal platziert zu haben, so dass die strategischen und operativen Ziele des Unternehmens erfolgreich erfüllbar bleiben.

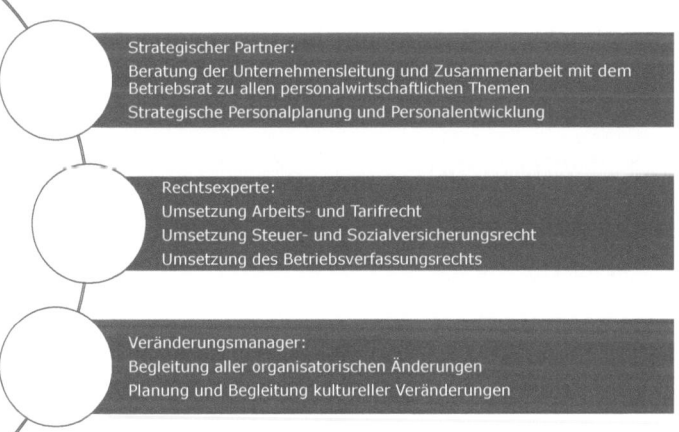

Abb. 23: Schaubild: Einzelziele einer Personalabteilung

Ich habe in meiner Praxis schon viele Organisationen von Personalabteilungen kennenlernen dürfen und auch in meinem direkten Umfeld Gutes und weniger Gutes einer organisatorischen Aufstellung erlebt. Als ich schließlich in der Verantwortung einer großen Personalabteilung stand, habe ich mich außerdem auf den Weg gemacht, meine Abteilung von einem Umsetzer zu einem aktiven Gestalter umzubauen.

Sicherlich bin ich mit meinem Umgestaltungsprozess noch nicht am Ende angekommen. Einige Nachjustierungen sind bestimmt noch angebracht und möglich, diese dann in Abhängigkeit zu den vorhandenen Kompetenzen der Mitarbeiter. Trotzdem bin ich sehr glücklich darüber, dass wir nach einigen wenigen Jahren einen enorm großen Veränderungssprung hin zum aktiven Gestalter geschafft haben.

Würde ich morgen eine Personalabteilung auf der grünen Wiese aufbauen dürfen, würde ich alle meine Erkenntnisse und Erlebnisse dazu verwenden, eine Organisation aufzustellen, die prozessual ökonomisch aufgestellt wäre und dennoch ein guter strategischer Partner der Unternehmensleitung, des Betriebsrates und aller Mitarbeiter wäre.

Eine gute Aufstellung einer Personalabteilung würde für mich so aussehen:

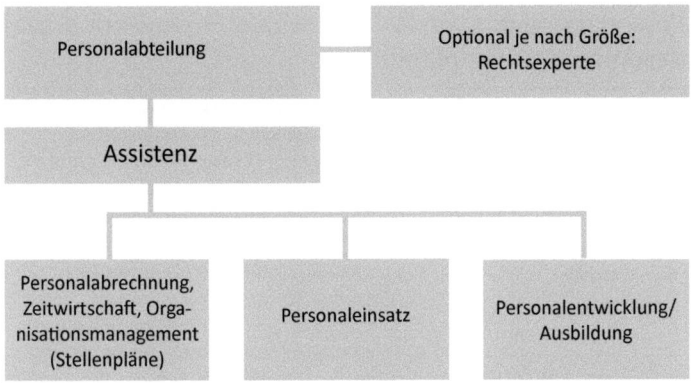

Abb. 24: Schaubild: Organigramm einer Muster-Personalabteilung

Aufgaben- und Prozessverteilungen: Personalleitung (optional mit Rechtsexperten):

Personalleitung (optional mit Rechtsexperten):

Personalstrategie	• Umsetzung Unternehmensstrategie • Anpassung Prozesse auf Strategie • Richtlinienkompetenz
Arbeits- und Tarifrecht	• Individualarbeitsrecht (Vertragsgestaltung, Sanktionen, Kündigungen, etc.) • Kollektivarbeitsrecht (Auslegung Tarifvertrag, Betriebsvereinbarungen, Direktionsrecht) • Entgeltsysteme
Partner der oberen Führungskräfte	• Businesspartner für Geschäftsführung, Bereichsleiter • Sparringspartner • Wegbereiter • „Entwicklungshelfer"
Partner des Betriebsrats	• Verbindungsstelle Geschäftsführung zu Betriebsrat • Grundsatzentscheidungen nach BetrVG • Verhandlungen und Gestaltung zu Betriebsvereinbarungen
Personalmarketing	Strategie Außenauftritt

Personalabrechnung, Zeitwirtschaft, Organisationsmanagement (Stellenpläne):

Personalabrechnung	• Rechtssichere Personalabrechnung • Reisemanagement und Reiseabrechnung • Beratungspartner in allen Abrechnungsfragen • Externer Partner für Rentenversicherung, Versorgungskassen, Berufsgenossenschaft und Finanzamt, etc.
Zeitwirtschaft	• Rechtssichere Ermittlung der Brutto- und Nettozeiten (An- und Abwesenheiten) • Systempflege und Administration Zeitmodelle • Ermittlung der Tarifzuschläge aus der Zeitwirtschaft
Personalkostensteuerung	• Datenlieferant für die Wirtschaftspläne • Beratungspartner für Geschäftsführung, Betriebsrat und obere Führungskräfte • Personalkostenhochrechnungen
Organisationsmanagement	• Verwaltung Sollstellenplan • Systemseitige Umsetzung Organigramme inkl. Beratung • Reporting aller Stellen- und Organisationsdarstellungen an Geschäftsführung und obere Führungskräfte

Personaleinsatzplanung:

Personalreferent	• Beratung der Führungskräfte in allen Angelegenheiten (Full Size Service) • Sparringspartner für alle Führungskräfte für den Bereich • Strategien und Prozesse im Team festlegen (Leitung) • Steuerung und Bearbeitung aller Personalangelegenheiten • Aktualität der Stelleninhalte, Abgleich Jobfamilien • Umsetzung der (Haupt-)Strategie im Bereich • BEM-Strategie und Fälle
Umsetzung BetrVG	• Beteiligung Betriebsrat in allen Personalangelegenheiten • Beratung der Fälle mit Betriebsrat

Nachfolgeplanung	• Operative Umsetzung der Strategie zur Nachfolgeplanung
Umsetzung Arbeits-und Tarifrecht	• Vertragsgestaltung • Vorbereitung arbeitsrechtlicher Sanktionen (Abmahnung, Kündigung) • Arbeitsrecht- und Tarifberatung der Führungskräfte

Personalentwicklung/Ausbildung:

Personalentwicklung	• Strategie planen und umsetzen/Feldversuche durchführen • Einzelmaßnahmen begleiten • Kultur/Change begleiten • Installation und Aktualisierung Job-Familie als Anker der Nachfolgeplanung
Trainings/Coachings	• Trainingskatalog (allgemein/individuell) • AC/DC vorbereiten und durchführen (ggf. mit ext. Partnern) • Coachings steuern
Ausbildung	• Grundsätze und Umsetzung • Anpassung Bedarfe an HR-Strategie • Netzwerksteuerung
Betriebliches Gesundheitsmanagement	• Strategie festlegen • Zusammenarbeit mit Arbeitssicherheit und Betriebsarzt • Maßnahmen zum BGM umsetzten und steuern
Sparringspartner bei Organisationsänderungen	• Hilfestellung bei Organisationsänderungen • Begleitung von Veränderungen • Kompetenzveränderungen ermitteln

Bei dieser hier geschilderten (möglichen) Organisationsaufstellung einer Personalabteilung habe ich mich von folgenden Überlegungen leiten lassen:

1. *Die Personalleitung als „Leuchtturm":* Die Personalleitung kann sich auf die TOP-Punkte konzentrieren, nämlich die Personalstrategie, das Arbeits- und Tarifrecht und die Betreuung der Schnittstelle zwischen Unternehmensleitung und Betriebsrat. Außerdem ist die Personalleitung immer Begleiter und Wegbereiter unternehmensstrategischer Ziele. Als „höchster Personaloffizier" hat die Personalleitung die Richtlinienkompetenz, d.h. sie erstellt, verändert und beschreibt Richtlinien zu allen personalwirtschaftlichen Themen und trifft hierfür alle notwendigen Entscheidungen.

2. *Die Personalentwicklung als „F&E-Abteilung":* Die Personalentwicklung ist sehr stark in den Kompetenzthemen der Führungskräfte und der Persönlichkeitsentwicklung unterwegs. Sie sind eine Art „Forschungs- und Entwicklungsabteilung" der Personalwirtschaft, d.h. hier darf auch mal eine Idee ausprobiert werden. So darf dann durchaus auch mal etwas „schieflaufen", obwohl dies natürlich die Ausnahme sein sollte. Die Personalentwicklung steuert aber auch alle notwendigen Fachtrainings und Seminare, aber auch Trainings und Coachings zu Soft Skills. Die notwendigen Bedarfe erfährt der Personalentwickler aus den zusammengefassten Ergebnissen der Mitarbeitergespräche oder aus Bedarfen in speziell zu steuernden Einzelfällen (wie z.B. einer Meisterausbildung oder einem Aufbaustudium). Die Ausbildung und das Betriebliche Gesundheitsmanagement (BGM) hänge ich gedanklich

gerne auch bei der Personalentwicklung an, obwohl dies thematisch auch zur Einsatzplanung passen könnte.

3. *Das Referentenmodell zur ganzheitlichen Betreuung und Bearbeitung personeller Einzelmaßnahmen:* Die Führungskräfte werden von einem Referententeam betreut, das einen ganzheitlichen Blick auf die zu betreuende Organisation hat. Das erspart große Erklärungsansätze, da die Führungskraft und der Referent in der Regel einen guten gemeinsamen Blick auf das Personal haben. Der Referent kennt seine „Pappenheimer" und weiß zu agieren. Er betreut alle Personalangelegenheiten von der Einstellung bis zur Rente oder dem fluktuationsbedingten Ausscheiden. Er begleitet seine Klientel in der Entwicklung, er löst die rechtlichen Probleme und er vermittelt bei personellen Problemen.

4. *Kurze Prozessstrukturen:* Die direkte Bearbeitung des personellen Einzelfalles vom Input bis zum Output ist in einer Hand, quasi von A wie Auswahlverfahren bis Z wie Zeugnis. Notwendige Terminüberwachungen und Priorisierungen können gut gesteuert werden und die Verantwortung für die einzelnen Prozesse sind klar abgesteckt.

5. *Direkte Absprachen und Rücksprachen mit dem Betriebsrat:* Der Referent kennt alle betriebsverfassungsrechtlichen Bestimmungen in personellen Einzelfällen und kann die Vorgänge gegebenenfalls direkt mit dem Betriebsrat besprechen.

6. *Personalabrechnung als Allroundlösung jedes Zahlenwerks:* Ein Personalabrechner ist per se ein guter Zahlenmensch. Außerdem hat er eine gute Beziehung zu Regelwerken und Statistiken. Daher beherrscht er neben der gesetzeskonformen Ab-

rechnung und der Zeitwirtschaft auch Personalkostensteuerung und Organisationsmanagement. Im Übrigen bedingen sich alle diese Themen ohnehin. Zeitwirtschaft wirkt in die Lohnabrechnung, diese kumulieren sich in den Lohnkosten gesamt und bei der Wirtschaftsplanung müssen die Sollstellenpläne für Hochrechnungen berücksichtigt werden.

Hätte ich also die Möglichkeit eine derartige Struktur aufzubauen, wäre als nächster Schritt folgerichtig, das passende Personal für die Inhalte der Aufgaben zu suchen. Sicherlich weiß ich sehr genau, welche Qualifikationen und welche Kompetenzen der jeweilige Stelleninhaber mitbringen müsste:

Position	Qualifikation	Kompetenzen
Personalleiter	Kaufmännisches Studium mit Schwerpunkt Personal oder Wirtschaftspsychologie oder Jurist	• Hohe Empathiefähigkeit • Strategisches Denken • Arbeits- und Tarifrechtsexperte • Experte im BetrVG • Guter Netzwerker • Hohe Beratungs- und Problemlösekompetenz
Personalreferent	Kaufmännisches Studium mit Schwerpunkt Personal oder Wirtschaftspsychologie	• Empathie-fähigkeit • Sicheres Arbeits- und Tarifrechtswissen • Kenner im BetrVG • Beratungs- und problemlösungsorientiert • Kontaktfreudig • Strukturiertes Arbeiten

Personalentwickler	Studium mit Schwerpunkt Personal oder Soziologie oder Wirtschaftspsychologie	• Hoch empathisch • Mut zu Neuem • Sehr guter Netzwerker • Vermittlungsfähigkeit • Moderationsfähigkeit • Coach- und Trainerfähigkeiten
Personalabrechner und Controller	BWL-Studium oder kfm. Ausbildung mit Zusatzqualifikation IHK	• Hohe Zahlenaffinität • Gutes Rechtsverständnis • Tarif- und Rechtstreue • HR-Systemkenntnisse (z.B. SAP) • IT-Affinität • Nutzungssicher bei MS Excel

18. Arbeitgeber-Attraktivität

Zu diesem Thema gibt es zahlreihe Studien. Die meisten belegen die wichtigsten Punkte zur Attraktivität des Arbeitgebers. Ob nun das Gehalt, die Arbeitsumgebung, die Vereinbarkeit zwischen Arbeit und Leben oder die vermeintliche Unternehmenskultur der entscheidende Faktor ist, mag individuell sehr unterschiedlich sein. Trotzdem muss sich der Arbeitgeber darüber Gedanken machen, wo er am Markt punkten kann.

In der Regel findet jeder Arbeitgeber einige vernünftige Argumente, die er als „besser als die anderen" gut darstellen kann.

Es erscheint völlig logisch, dass es für einen attraktiven Arbeitgeber leichter ist, geeignete Bewerber für Stellen zu finden. Eine große Rolle spielt dabei einen guten Mix aus mehreren Faktoren zu haben, mit denen man punkten kann, z.B.

* Die Bekanntheit des Unternehmens
* Der Umsatz und Gewinn
* Die öffentliche Wahrnehmung
* Der nachgewiesene, sichere Arbeitsplatz
* Die soziale Verantwortung
* Faire Entlohnungen
* Gute Unternehmenskultur

Sicherlich sind die Faktoren noch erweiterbar. Wichtig ist jedoch, dass die vermeintlich guten Faktoren sich auch bewahrheiten und bestätigen. Eine noch so gut aufgebaute Fassade bricht irgendwann zusammen. Erinnern sie sich bitte an die Immobilienblase, die ab dem Jahr 2007 in den USA beginnend eine weltweite Finanzkrise ausgelöst hatte. Das bis dahin als unkaputtbar gedachte Finanzhaus GoldmanSachs war ein sehr attraktiver Arbeitgeber. Jeder Jungakademiker mit BWL-Diplom wollte dort arbeiten. Doch innerhalb von 48 Stunden war alles vorbei! Ein ebenso spektakuläres neueres Beispiel ist der VW-Abgasskandal. Dieser tolle Weltkonzern hat seine Kunden beschissen. Das war gleichzeitig auch für die Attraktivität des Arbeitgebers ein erdrutschartiger Abfall. VW muss an dieser Stelle wieder sehr viel beweisen.

Am Beispiel unseres Unternehmens wage ich an der Stelle ein Statement: Wir waren noch im Jahr 2009, trotz der Tatsache der Stromplatzhirsch zu sein, als Unternehmen eher weniger bekannt. Als Arbeitgeber waren wir zwar erkennbar, aber meist nur durch die Tatsache, dass wir irgendwie mit dem öffentlichen Dienst und damit mit einem sicheren Arbeitsplatz identifiziert wurden. Natürlich stimmte das damals und passt auch heute noch. Doch es hat sich etwas Entscheidendes geändert. Unser Unternehmen hat an Bekanntheit massiv zugelegt. Wir haben seit 2010 fast alle personalpolitischen Instrumente neu definiert. Die Prozesse sind modern aufgestellt, die Führungskräfte werden bewusster auf ihre Aufgaben vorbereitet, die Mitarbeiter haben große Weiterbildungsmöglichkeiten und nutzen diese auch in gutem Maß und unsere Unternehmenskultur entwickelt sich positiv weiter. Darüber hinaus haben wir ein modernes Entgeltsystem für die oberen Führungskräfte und gestalten den Tarifvertrag betrieblich optimal und arbeitnehmerfreundlich. Wir versuchen den Mitarbeitern Möglichkeiten für eine gesunde Balance zwischen Arbeit und Leben zu ermöglichen und übernehmen auch in der Region Verantwortung im sozialen und kulturellen Bereich.

Selbst im Bereich der Gesundheitsvorsorge stehen wir unseren Mitarbeitern mit Rat und Tat zur Seite (mehr dazu im Kapitel BGM).

Kurzum: Wir werden als Unternehmen zwischenzeitlich in der Region gut wahrgenommen. Unser Bekanntheitsgrad ist enorm und die Bewerber erkennen uns als fairen und attraktiven Arbeitgeber. Aber darauf darf man sich nicht ausruhen! Deshalb versuchen wir natürlich diese Werte und Attraktivität beizubehalten. Letztlich geht es nun darum, immer wieder zu beweisen, dass die Werte auch gelten und gelebt werden. Wir möchten kein Opfer eines Abgasskandals oder irgendeiner Blase sein.

19. Work-Life-Balance

Wikipedia beschreibt diesen Begriff folgenermaßen (Quelle: Wikipedia 2018): Der Begriff Work-Life-Balance steht für einen Zustand, in dem Arbeits- und Privatleben miteinander in Einklang stehen. Die Begriffsbildung Work-Life-Balance stammt aus dem Englischen: Arbeit (work), Leben (life), Gleichgewicht (balance).

Auf dem Markt der Dienstleistungen können Sie als Unternehmen für die Work-Life-Balance fast alles einkaufen. Hier tummeln sich so viele Anbieter, dass man den Überblick verliert. Alle haben natürlich nur das Beste im Sinn, nämlich sie wollen das Unternehmen so unterstützen, dass die Mitarbeiter bei der Gestaltung ihres Gleichgewichts zwischen Berufs- und Privatleben gut aufgehoben sind. Das Problem dabei ist, dass es für dieses Gleichgewicht keine pauschalen Lösungen von der Stange gibt, da jeder Mensch seine eigene Vorstellung und seinen eigenen Bedarf hat. So benötigt vielleicht Mitarbeiter Unterstützung für die Betreuung seiner Kinder, ein anderer hingegen hat gar keine Kinder. Ihm ist es viel wichtiger, dass er stressfrei seinen Sport ausüben kann. An den Beispielen erkennt man sofort, dass es keine Standardlösungen geben kann. Schaut man auf die total unterschiedlichen Bedürfnisse der Menschen, sieht man, dass die Möglichkeiten enorm breit gestreut sein können. Eine Liste möglicher Bedürfnisse zum Thema Work-Life-Balance:

* Kinderbetreuung
* Pflegebetreuung von Eltern
* Sport/Freizeit
* Ehe/Partnerschaft
* Hobbys
* Soziales Engagement
* Anerkennung des gesellschaftlichen Status

Ich war einmal im Rahmen eines Netzwerktreffens auf einer Veranstaltung des Bündnisses für Familie und Arbeit in Heidelberg, die sich explizit um das Thema des Gleichgewichts zwischen Arbeit und Familie kümmern. Die teilnehmenden

Unternehmen haben dort ihre Aktivitäten zur Work-Life-Balance vorgestellt. Ich selbst hatte dort die Ideen meines Unternehmens präsentiert und konnte anschließend einem Vortrag einer Mitarbeiterin von SAP zuhören. Als sie alle Möglichkeiten aus ihrem Unternehmen vorgestellt hatte, drängte sich mir eine Frage auf, welche ich schließlich auch stellte: „Arbeitet man bei SAP oder lebt man da?"

Die Kollegin hatte die Frage natürlich nur ausweichend beantwortet. Ich wollte damit lediglich feststellen, dass es bei einer Unmenge von Angeboten für alle möglichen Notwendigkeiten des Privatlebens durch den Arbeitgeber immer schwerer wird, beides zu trennen. Und eben dies ist die Herausforderung für einen Arbeitgeber. Helfe deinen Mitarbeitern bei deren Problemen und Bedürfnissen im Privatbereich, nimm sie aber nicht komplett in deine Hand. Das zumindest ist meine Philosophie. Der Personalvorstand von SAP sieht das sicherlich anders. Hier gibt es übrigens auch kein Richtig oder Falsch, vielmehr macht an dieser Stelle jedes Unternehmen seine eigenen Bedarfsermittlungen. In der Regel machen die Unternehmen derartige Aktivitäten nicht im Geheimen, sondern gehen damit offen um. Viele lassen sich auch mit bestimmten Zertifizierungen hochleben. Denn letztlich ist es doch ein Marktvorteil als Arbeitgeber bekannt zu sein, der viel für seine Mitarbeiter tut.

In unserem Unternehmen haben wir passend zu uns auch die Aktivitäten rund um die Work-Life-Balance gestaltet. Für einige Bedürfnisse des Lebens haben wir Unterstützungen im Angebot und insbesondere im Bereich Familienfreundlichkeit tun wir einige guten Dinge, die helfen können (siehe nachfolgendes Kapitel).

20. Familienfreundlichkeit

Das Bundesministerium für Familie, Senioren, Frauen und Jugend (BMFSFJ) hat in einer Studie wiederholt festgestellt, dass die Familienfreundlichkeit eines Unternehmens immer mehr an Bedeutung gewinnt (Quelle: Bmfsfj.de 2018). Die wichtigsten Erkenntnisse der Studie im Überblick, habe ich auf der offiziellen Homepage des BMFSFJ gefunden:

- Familienfreundlichkeit ist unverändert für über 90 Prozent der jungen Beschäftigten mit Kindern bei der Arbeitgeberwahl mindestens ebenso wichtig wie das Gehalt und nach wie vor ein häufiger Grund für einen Arbeitgeberwechsel.

- Arbeitgeber halten Familienfreundlichkeit für wichtig – aber nur für junge Arbeitnehmerinnen und Arbeitnehmer. Deutlich unterschätzt wird dagegen die Bedeutung für ältere Beschäftigte zwischen 40 und 49 Jahren. Dadurch wird das Bindungspotenzial für erfahrene Beschäftigte verschenkt, welche noch ein 20-jähriges Berufsleben vor sich haben.

- Das Thema Betreuung älterer oder kranker Angehöriger ist für alle Altersgruppen relevant: Fast jeder zehnte Beschäftigte zwischen 25 und 49 kümmert sich um betreuungsbedürftige Angehörige, zwei Drittel von ihnen betrifft dies zusätzlich zur Kinderbetreuung. Bereits ein Drittel der Unternehmen bietet entsprechende Unterstützungsangebote für Beschäftigte.

- Insgesamt beurteilen die Beschäftigten das Angebot an familienfreundlichen Maßnahmen deutlich besser als bei der Befragung aus dem Jahr 2007. Nachholbedarf besteht aber nach wie vor besonders für kleinere Unternehmen.

- Familienfreundlichkeit wird noch immer nicht ausreichend im Personalmarketing beziehungsweise der internen Kommunikation eingesetzt – mehr als zwei Drittel der Beschäftigten haben nach wie vor Schwierigkeiten, Informationen zu familienfreundlichen Maßnahmen der Arbeitgeber zu finden.

Die Familienfreundlichkeit ist zwischenzeitlich ein Thema, das auf keiner Agenda einer guten Personalstrategie fehlen darf. Zu der Zeit des enormen Wirtschaftswachstums der 50er und 60er Jahre, auch Wirtschaftswunder genannt, war es völlig normal, dass die Mutter der Kinder zu Hause war, den Haushalt betreute und die Kinder erzog. Der Vater war meist Alleinverdiener. Die Rollen waren klar verteilt. Je besser es der Gesellschaft ging, desto mehr hielten Emanzipation und andere Aufklärungen Einzug. Der Babyboom ging allmählich zurück, das Glück des Lebens wurde immer mehr durch andere Dinge bestimmt. Im Zuge dieser gesellschaftlichen Veränderungen wurden auch familiär andere Prioritäten gesetzt. Die Familien wurden kleiner, die Erziehung wurde ausgelagert, die Frauen und Mütter sind kürzer bis gar nicht aus dem Berufsleben ausgestiegen. Hinzu kommt die Tatsache, dass unsere Gesellschaft aufgrund der demografischen Entwicklung ohne die aktive Teilnahme der Mütter an der Wertschöpfung überhaupt nicht mehr in der Lage wäre, den Wohlstand zu halten. Nun muss es neben den staatlichen Hilfen für diese Situationen auch Unterstützungen vom Arbeitgeber geben. Je besser die beiden Hilfsangebote verzahnen, desto einfacher gestaltet sich das Arbeiten und Leben mit Familie.

Dabei gibt es in der Praxis mittlerweile sehr viele Maßnahmen, die sich bewährt haben; Liste der bekanntesten Maßnahmen:

- Ausbildung in Teilzeit
- Arbeitsmodelle
- Elternzeit und zusätzliche Erziehungszeit
- Flexible Arbeitsorte & Telearbeit
- Gleitzeit
- Jahres- oder Lebensarbeitszeitkonten
- Job-Sharing
- Sabbaticals
- Sonderurlaub bei wichtigen privaten Ereignissen
- Dual Career Unterstützung
- Dual Career Beratung
- Dual Career Netzwerke
- Schaffung struktureller Rahmenbedingungen
- Finanzielle Anreize
- Finanzierung von gesundheitsfördernden Maßnahmen
- Gewährung von Sachleistungen
- Zuschuss von Kinderbetreuungskosten
- Gesundheitsfördernde Maßnahmen
- Haushaltsnahe Dienstleistungen
- Betriebskantine und Mittagstisch
- Kinderbetreuung
- Belegplätze in Kindertageseinrichtungen
- Betriebs-KiTa (inklusive Kleinkindbetreuung)
- Eltern-Kind-Arbeitsplätze und mobile Lösungen
- Ferienbetreuung
- Randzeiten- und Notfallbetreuung
- Weitere Betreuungsmöglichkeiten
- Pflege
- Sofortmaßnahmen
- Weitere Pflegeeinrichtungen und -möglichkeiten
- Weiterbildung für Beschäftigte mit Familienaufgaben
- Wiedereinstiegsplanung

Unternehmen wie SAP haben sicherlich das komplette Sortiment im Angebotskorb. Letztlich ist es eine Frage der finanziellen Möglichkeiten eines Unternehmens, wie hoch das Budget für Maßnahmen der Familienfreundlichkeit sein kann. Mit gutem Gewissen kann ich für unser Kommunales Stadtwerk eine gute Note ausstellen. Mehrere kleinere Unterstützungen greifen ineinander. Wir haben sehr flexible Arbeitszeitmodelle, gewähren über die Elternzeit hinaus Sonderurlaube mit Wiedereinstiegsgarantie, lassen zeitlich befristete Verringerungen der Arbeitszeiten zu und helfen bei der Vermittlung von Kinderbetreuungsplätzen.

An der Stelle fällt mir gerade ein fast monatlich wiederkehrendes Ereignis ein: Irgendwelche Dienstleister rufen mich an, die bezüglich der Familienfreundlichkeit alle Lösungen anbieten. Von Kinderbetreuung bis Zertifizierung kann man alles einkaufen und dabei wollen die Dienstleister nur unser Bestes, nämlich unser Geld. Ein wenig Sarkasmus müssen sie leider verbal über sich ergehen lassen. Diese Werbeanrufe nehme ich manchmal zum Anlass ein bisschen Spaß mit den Vertriebsleuten der Firmen zu haben, manchmal bin ich aber auch einfach nur total genervt.

Sicherlich haben derartige Leistungsangebote ihre Berechtigung. Unternehmen, die sich über das Thema noch keine großen Gedanken gemacht haben, benötigen irgendwann einen ersten Anschub.

21. Betriebliches-Gesund-heits-Management (BGM)

Das Bundesgesundheitsministerium beschreibt das BGM so zutreffend auf deren Homepage (Quelle: Bundesgesundheitsministerium.de 2018):

In den vergangenen Jahren hat die betriebliche Gesundheitsförderung zunehmend größeres Interesse gefunden, da sie ein geeignetes Mittel ist, auf die gesundheitlichen Beanspruchungen der Beschäftigten und veränderten psychischen Belastungen, zum Beispiel durch den zunehmenden Umgang mit Informations- und Kommunikationstechnologien sowie Zeitdruck, angemessen zu reagieren. Um die Gesundheit, die Leistungsfähigkeit und das Wohlbefinden der Beschäftigten zu fördern, werden Arbeitsmittel, Arbeitsumgebung, Arbeitszeit, Arbeitsorganisation, Sozialbeziehung, individuelle Anpassungen und unterstützendes Umfeld einbezogen. Sinnvoll ist es, darüber hinaus auch die Lebenssituation der Mitarbeiterinnen und Mitarbeiter im Sinne der Work-Life-Balance zu berücksichtigen.

Die betriebliche Gesundheitsförderung ist ein wesentlicher Baustein des betrieblichen Gesundheitsmanagements. Sie umfasst die Bereiche des Gesundheits- und Arbeitsschutzes, des betrieblichen Eingliederungsmanagements sowie der Personal- und Organisationspolitik. Sie schließt alle im Betrieb durchgeführten Maßnahmen zur Stärkung der gesundheitlichen Ressourcen ein.

Wie man an dieser Beschreibung gut erkennen kann, ist BGM tatsächlich als Managementaufgabe zu sehen. Es genügt nicht, ein paar Äpfel und Bananen in einen Korb zu legen und die Mitarbeiter zum gesunden Essen einzuladen. BGM ist sehr viel mehr. Es soll in guter Ausprägung dabei helfen, den Mitarbeitern Angebote für alle möglichen gesundheitlichen Aspekte zu unterbreiten. Wir verstehen das BGM als Möglichkeit der Unterstützung, nicht des Selbstzwecks. In unserem Unternehmen wird das BGM aus der Personalabteilung heraus gesteuert. Es ist Bestandteil der Personalstrategie und entstammt aus den gesetzten großen Zielen und Strategien der Unternehmensführung. Ein großes Team bespricht in mehreren Terminen im Jahr die Vorhaben. Mitglieder im Team sind neben dem BGM-Manager der Personalleiter, der Betriebsarzt, ein Mitglied des Betriebsrates, die Unternehmenskommunikation, der Sicherheitsingenieur und mehrere Führungskräfte aus unterschiedlichen Bereichen des Unternehmens. Sofern wichtige Entscheidungen anstehen, nimmt sogar der Hauptgeschäftsführer daran teil. Als „Verfassung" für dieses Team und für alle Aktionen, haben die Betriebsparteien eine Betriebsvereinbarung zum BGM geschlossen. Diese beinhaltet u.a. spezielle Regelungen für das Betriebliche Eingliederungsmanagement (BEM) und die Suchtprävention.

Ich möchte nicht schon wieder angeben, wie toll wir im Unternehmen aufgestellt sind. Aber ich darf tatsächlich bemerken, dass ich in meinem Netzwerk keine vergleichbaren Strukturen gefunden habe. Ich möchte natürlich nun auch noch ein paar Beispiele aus unserer Praxis nennen und das ein oder andere Unterthema näher beschreiben.

Gesundheitstage
Zweimal jährlich finden bei uns Gesundheitstage statt. Mit der Unterstützung unseres Betriebsarztes, der Arbeitssicherheit, einigen größeren Krankenkassen und unseres tollen Küchenteams, bieten wir in vier Stun-

den interessante Informationen rund um das Thema Gesundheit, wie z.B. Rückenschule, Blutdruck, Stoffwechselerkrankungen, Diabetes, Augen, Fitness, Alkoholkonsum, Ernährung, Psyche, Schlaf, etc. an. Begleitet wird der Tag immer von einem besonders gesunden Essen und Energiedrinks. Immer dabei sind Fachvorträge von Ärzten, Psychologen oder anderen Referenten aus der Gesundheitsbranche. Es war sogar einmal ein katholischer Pfarrer dabei, der das Thema Gesundheit vom christlichen Ansatz her anpackte, was sehr interessant war.

Die Resonanz ist immer gut, den Mitarbeiter macht es Spaß, die angebotenen Aktivitäten werden gerne angenommen.

Förderung des Betriebssports

Im Unternehmen gibt es eine Richtlinie zur Förderung des Betriebssports. Danach erhalten Sportgruppen mit mind. fünf ständigen Teilnehmern einen jährlichen Zuschuss in Höhe von 100 EUR je aktivem Mitglied. Bestimmte Regularien sind dabei einzuhalten (z.B. ständiger Trainingsbetrieb, Mitgliederliste mit Unterschrift, einen Vorstand und einen Kassenwart mit Rechnungslegung, etc.). Es gibt zwischenzeitlich bereits sechs angemeldete Gruppen – eine tolle Sache!

Gesundheitscheck

Alle zwei Jahre wird jedem Mitarbeiter ein Gesundheitscheck bezahlt. Inhalt des Checks ist u.a. ein Belastungs-EKG und sehr viel Blutzusatzuntersuchungen, die bei der Krankenkasse nicht bezahlt werden (wie z.B. PSA-Wert beim Mann).

In den letzten vier Jahren wurden bei zwei Mitarbeitern durch diese Vorsorgechecks schwere Erkrankungen frühzeitig erkannt.

Zuschuss zu Sehhilfen
Jeder Mitarbeiter erhält alle drei Jahre einen Zuschuss zur Sehhilfe.

Leidensgerechter Arbeitsplatz
Hierzu zählen z.B. die Anschaffung von höhenverstellbaren Schreibtischen.

Wassersprudler im ganzen Unternehmen
Seit mehr als fünf Jahren haben wir im gesamten Unternehmen große Wasserstationen aufgestellt. Hier wird das Wasser direkt aus der Wasserleitung aufgesprudelt. Mir wird seither immer berichtet, dass viele Mitarbeiter tatsächlich mehr Wasser trinken und das ist bekanntermaßen sehr gesund.

Teilnahme an Sportveranstaltungen
Heidelberger Halbmarathon, „Zoolauf" in Heidelberg, BASF-Firmencup auf dem Hockenheimring, Triathlon Veranstaltungen, etc. Wir sind viel unterwegs und haben super sportliche Mitarbeiter.

Tabakentwöhnung
Speziell Kurse können helfen von der Kippe wegzukommen. Wir bieten sie an.

Rauchfreies Unternehmen
In unserem Unternehmen ist das Indoor-Rauchen verboten. Nur an speziellen Außenbereichen darf geraucht werden.

Gewaltfreie Kommunikation

Wikipedia beschreibt dies so (Quelle: Wikipedia.de 2018): Die Gewaltfreie Kommunikation (GFK) ist ein Konzept, das von Marshall B. Rosenberg entwickelt wurde. Es soll Menschen ermöglichen, so miteinander umzugehen, dass der Kommunikationsfluss zu mehr Vertrauen und Freude am Leben führt. GFK kann in diesem Sinne sowohl bei der Kommunikation im Alltag als auch bei der friedlichen Konfliktlösung im persönlichen, beruflichen oder politischen Bereich hilfreich sein. Im Vordergrund steht nicht, andere Menschen zu einem bestimmten Handeln zu bewegen, sondern eine wertschätzende Beziehung zu entwickeln, die mehr Kooperation und gemeinsame Kreativität im Zusammenleben ermöglicht. Manchmal werden auch die Bezeichnungen „Einfühlsame Kommunikation", „Verbindende Kommunikation", „Sprache des Herzens" oder „Giraffensprache" verwendet.

Wir bieten die GFK im Haus an, sie wird von einem guten Dutzend Mitarbeiter angenommen und immer wieder geübt.

Stärkung der Führungskompetenz
Jede Führungskraft wird mit drei modularen Weiterbildungen auf seine Aufgabe vorbereitet und hat auch danach immer die Möglichkeit der Auffrischung.

Aquakurse, Fitnesskurse, Rückenkurse
Leider sind derartige Kurse oftmals eine der wenigen Angebote von anderen Unternehmen.

22. Das Betriebliche Eingliederungsmanagement (BEM)

Nachdem ich unser Unternehmen etwas beweihräuchert habe, bleibt noch offen, das Betriebliche Eingliederungsmanagement (BEM) näher zu beschreiben. Es gibt beim BEM zwei sehr wichtige Ansätze. Es hat zum einen den Aspekt der Unterstützung für die Mitarbeiter und zum anderen einen arbeitsrechtlichen Aspekt, der ebenso beachtet werden muss.

Zunächst ist das BEM eine gesetzliche Vorgabe, die im SGB IX im § 84 geregelt ist. Danach ist der Arbeitgeber sogar verpflichtet ein BEM durchzuführen, wenn ein Mitarbeiter mehr als sechs Wochen erkrankt ist oder war. Dabei sind einzelne Krankheitszeiten zusammenzuzählen. Das Gesetz sieht jedoch keine Sanktionen dafür vor, dass das BEM nicht oder unzureichend durchgeführt wird. Das bedeutet, alle Arbeitgeber, die gar kein BEM durchführen, haben nichts zu befürchten. Das ist aber nur die halbe Wahrheit. Arbeitsrechtlich hat sich seit der Einführung des gesetzlichen BEM durch ständige Rechtsprechung des BAG ein klarer Grundsatz hervorgetan, nämlich: Wird ein BEM ordentlich durchgeführt und kommt es dennoch zu einer personenbedingten krankheitsbedingten Kündigung durch den Arbeitgeber, fällt es in der Regel leichter zu beweisen, dass die negative Gesundheitsprognose gegeben ist.

Die Grundidee des BEM ist es aber eher, dem Mitarbeiter eine Chance zu geben, gemeinsam mit seinem Arbeitgeber alles zu tun, um die gesundheitliche Lage so auszutarieren, dass der Job wieder gut erledigt werden kann. Wenn ich die bei uns durchgeführten BEM Revue passieren lasse, kann ich feststellen, dass diese meist erfolgreich waren. Damit man einen besseren Einblick in einen BEM-Ablauf bekommt, beschreibe ich an dieser Stelle einen Fall, wie er jederzeit in jedem Unternehmen auftreten könnte:

1. Der Mitarbeiter ist 45 Jahre alt und seit 10 Jahren im Unternehmen als Elektromonteur beschäftigt;
2. Bislang war er nie auffällig oft oder lange erkrankt;
3. Innerhalb einer Zeitspanne von 12 Monaten war er dann insgesamt in drei Abschnitten jeweils ca. drei Wochen erkrankt;
4. Sein Fall war bei der Routineabfrage der BEM-Stelle in der Personalabteilung gelistet, d.h. es wurde festgestellt, dass er an mehr als 42 Kalendertagen arbeitsunfähig war;
5. Die Personalreferentin der BEM-Stelle nahm die Recherche auf:
   a. Sie fragte bei der zuständigen Führungskraft nach, ob er bereits bezüglich der Fehlzeiten mit seinem Mitarbeiter gesprochen hatte.
   b. Falls ja: Welche Erkenntnisse hat er?
   c. Falls nein: Freundlicher Hinweis, dass er dies künftig tun könnte.
6. Mit den Erkenntnissen wurde entschieden, ob das BEM offiziell gestartet werden sollte. In unserem simulierten Fall wurde das BEM gestartet, da die Führungskraft Hinweise hatte, wonach der Mitarbeiter tatsächlich gesundheitliche Problem und Einschränkungen hatte;
7. Entsprechend der gültigen Betriebsvereinbarung wurde der Mitarbeiter schriftlich dazu eingeladen, mit dem Arbeitgeber zusammen das BEM durchzuführen. Im Einladungsschreiben wurde alles ausführlich erklärt;
8. Der Mitarbeiter gab eine schriftliche Erklärung ab,

dass er am BEM interessiert sei;

9. Es fand ein Erstgespräch bei der Personalreferentin statt. Inhalt des Gesprächs war es zunächst zu erfahren, ob der Arbeitgeber für den Mitarbeiter etwas tun kann, um künftige Krankheitszeiten zu vermeiden;

10. Der Mitarbeiter gab an, er habe seit gut einem Jahr immer wieder große Schmerzen im Rückenbereich, die auch fachärztlich behandelt wurden. Abhilfe wurde meist medikamentös geschaffen. Die Medikamente hätten jedoch immer unerwünschte Nebenwirkungen wie Übelkeit und Magendrücken. Weitere medizinische Maßnahmen wurden nicht getroffen. Selbstverständlich waren diese Hinweise streng vertraulich und wurden auch nirgendwo digitalisiert festgehalten. Die BEM-Akte ist handschriftlich und streng unter Verschluss. Im Übrigen muss ein Mitarbeiter niemals sagen, an was er leidet. Tut er dies, kann der Arbeitgeber natürlich besser darauf reagieren;

11. Nach den Regeln der Betriebsvereinbarung wurde auch der Betriebsarzt informiert. Da der Mitarbeiter zunächst nicht mochte, dass der Betriebsrat informiert wurde, blieb diese Info zunächst aus;

12. Der Mitarbeiter hatte dann doch einen Termin beim Betriebsarzt. Dieser bat den Mitarbeiter darum, mit seinem Facharzt sprechen zu dürfen. Der Mitarbeiter willigte ein;

13. Der Betriebsarzt erfuhr im kollegialen Austausch davon, wie es um die Rückenprobleme des Mitarbeiters stand. Er hatte starke dauerhafte Einschränkungen, die dazu führten, dass er künftig keine schweren Gegenstände mehr heben und tragen konnte;

14. Damit stand fest: Seine jetzige Tätigkeit als Elektromonteur konnte er auf Dauer nicht mehr ausüben;

15. Wir machten uns auf die Suche nach einer adäquaten anderen Tätigkeit und wurden fündig: Im Innendienst wurde ein in Elektrotechnik versierter Mitarbeiter gesucht, der ein neu eingeführtes IT-Tool künftig managen sollte;

16. Der Mitarbeiter war IT-affin veranlagt und bereit, die Zusatzqualifikationen zu erwerben;

17. Nach einer angemessenen Einarbeitungszeit und Training on the Job konnte er diese neue Stelle bekommen, die er seither ohne große gesundheitlichen Probleme begleitet.

So in etwa kann eine BEM-Story ablaufen, wenn alle Kanäle gut abgestimmt sind. Und genau darin besteht die Kunst. Man benötigt gute Mitarbeiter für ein BEM, die aufmerksam und aufrichtig zuhören können, den betroffenen Mitarbeiter anspornen können, um dann die richtigen Wege einschlagen zu können. Und auch bei sehr gutem Einsatz und bester Vorgehensweise gelingt es nicht immer, ein BEM erfolgreich zu beenden.

In einigen wenigen Fällen blieb am Ende sogar nur die gegenseitige Erkenntnis, den Arbeitsvertrag in beiderseitigem Einvernehmen aufzuheben. Meist dann mit einer entsprechenden Entlassungsentschädigung.

23. Die Entgeltgestaltung (Entgeltgerechtigkeit?)

Ein adäquates, relativ (gerechtes) Entgeltsystem ist immer dann gegeben, wenn das Entgelt und die Leistung des Arbeitnehmers deckungsgleich sind. Welche Leistung zu erbringen ist, ergibt sich aus den Umständen des Arbeitsvertragsverhältnisses. Die Einzelheiten zu dessen Gestaltungsmöglichkeiten, im Sinne des Weisungsrechts, sind in dem entsprechenden Kapitel näher beschrieben.

Nun ist es so, dass nicht alle Arbeitnehmer vergleichbare Leistungs¬merkmale aufweisen. Und aus diesem Grund ist die Entgeltgestaltung ein auf die einzelne Person individuell abgestimmtes Instrument.

Bessere (schnellere) Leistung muss sich lohnen. Die Personal¬entwicklung muss bei der Entgeltgestaltung berücksichtigt werden. Das Entgelt folgt der Entwicklung und dem Können und nicht umgekehrt.

An dieser Stelle lohnt sich zunächst ein Blick auf die Theorie der Wirtschaftslehre. Hierfür zitiere ich einen Auszug aus „Das Wirtschaftslexikon":

Demnach benötigt die Lohngerechtigkeit drei Kriterien:

1. Anforderungsgerechtigkeit
2. Leistungsgerechtigkeit
3. Sozialgerechtigkeit

Anforderungsgerechtigkeit wird erzielt, indem eine Arbeit mit einem bestimmten Arbeitsprofil verbunden wird. Schwierigkeiten und auf Wissen oder Können beruhende Anforderungen eines Arbeitsfeldes kommen hier zum Ausdruck. Ein Manager arbeitet sicherlich nicht so schwer wie ein Steinbrucharbeiter, dennoch bekommt er deutlich mehr Geld, weil seine Verantwortung höher angesiedelt wird. Auch der Klempner bekommt mehr Geld als der ungelernte Steinbrucharbeiter, weil er zur Berufsausübung eine Ausbildung absolvieren musste. Und schlussendlich bekommt heute so mancher Büroangestellte weniger ausgezahlt als ein Handwerker, weil Angebot und Nachfrage nach bestimmten Berufsfeldern auseinanderklaffen. Anforderungsgerechtigkeit bedarf einer Arbeitsbewertung, die als Grundlage einer jeden beruflichen Entlohnung anzusehen ist.

Leistungsgerechtigkeit wird erreicht, indem die Produktivität des Arbeitnehmers bei der Entgeltfindung berück¬sichtigt wird. Dadurch ist es jedem Arbeiter - wie es vor allem in Amerika den Lebensstil darstellt - möglich, vom Tellerwäscher zum Millionär aufzusteigen. Wer viel arbeitet, soll viel bekommen. Schnelligkeit und Zuverlässigkeit werden mit einer leistungsbezogenen Komponente im Entgelt berücksichtigt. Wer also gut und viel arbeitet, bekommt mehr als derjenige, der langsam und gut arbeitet und natürlich mehr als derjenige, der langsam und schlecht arbeitet!

Sozialgerechtigkeit kommt durch die in der Bundesrepublik anzustrebende soziale Marktwirtschaft dahingehend zum Ausdruck, dass jeder Gehaltsempfän¬ger entsprechend seinen Möglichkeiten mit Abzügen belastet ist. Vor allem dem Familienstand wird dadurch Rechnung getragen, denn Alleinlebende sind durch diese, durch Steuern zum Ausdruck gebrachte soziale Gerech¬tigkeit, mehr belastet als ein Einkommensbezieher, der mit seinem Einkommen noch mehrere Familienangehö¬rige „durchzufüttern" hat. Gesetzliche, tarifliche und vertragliche Sozialleistungen berücksichtigen den sozial unterschiedlichen Bedarf von Arbeitnehmern. Nicht umsonst haben beispielsweise ältere Mitarbeiter einen höheren Urlaubsanspruch.

Ergebnis: Alles in allem gibt es keinen garantiert „gerechten" Lohn. Aber durch die eben erwähnten Gesichtspunkte soll eine nach möglichst allen Gesichtspunkten gerechte Entgeltfindung dazu beitragen, Zufriedenheit auf dem Arbeitsmarkt zu erreichen. Schlussendlich ist es - für die Sache - unerheblich, ob ein Vorstandsvorsitzender einer großen Aktiengesellschaft eine Million, fünf oder elf Millionen verdient. Er sollte nur entsprechend seiner Verantwortung mehr als andere verdienen.

Doch wie wirken Entgelt und Motivation zusammen? Hierzu unterscheidet die Wissenschaft nach sogenannten Hygienefaktoren und Motivatoren, wobei die Grenzen sehr fließend sein können. Unterhält man sich über den Sinn oder die Gestaltung eines Entgeltsystems, sollte man diese Faktoren kennen.

Hierzu hat sich Herr Herzberg (Wirtschaftspsychologe) folgende Gedanken gemacht:

Hygienefaktoren

Unter Hygienefaktoren versteht Herzberg die Faktoren, welche bei positiver Ausprägung die Entstehung von Unzufriedenheit verhindern, aber nicht zur Zufriedenheit beitragen bzw. diese erzeugen (Quelle: Myers, David 2013). Häufig werden diese Faktoren gar nicht bemerkt oder als selbstverständlich betrachtet. Sind sie aber nicht vorhanden, empfindet man dies als Mangel. Zu den Hygienefaktoren zählen insbesondere:

- Entlohnung und Gehalt
- Personalpolitik, Führungsstil
- Arbeitsbedingungen einschließlich Autonomie und Unterstützung
- Zwischenmenschliche Beziehungen zu Mitarbeitern

und Vorgesetzten

- Sicherheit der Arbeitsstelle und Einfluss auf das Privatleben

Der Begriff des Hygienefaktors lässt den wesentlichen Gedanken der Theorie erkennen. Die Faktoren der Unzufriedenheit sollen aus der Umwelt des Menschen entfernt werden, wie in der medizinischen Hygiene Gesundheitsrisiken aus der Umwelt des Menschen entfernt werden, um Krankheiten zu verhindern.

Als Beispiel kann man anführen, dass Unzufriedenheit entsteht, wenn die Zusammenarbeit mit anderen nicht funktioniert oder die Unternehmensstruktur „unmöglich" erscheint. Im Falle, dass alle diese extrinsischen Aspekte hinlänglich gut ausgeprägt sind, entsteht allerdings keine Zufriedenheit, sondern ein neutraler Erlebniszustand, der als Nicht-Unzufriedenheit bezeichnet wird (Zustand: Desinteresse oder Gleichgültigkeit). Günstige Hygienefaktoren machen also nicht glücklich, sie machen „nur" nicht unglücklich. Dieser Ansatz erklärt auch, warum zu niedrige Löhne unglücklich machen, man die Motivation und die Zufriedenheit von Angestellten aber nicht über das Gehalt unbegrenzt steigern kann.

Motivatoren

Motivatoren beeinflussen nach Herzberg die Motivation zur Leistung selbst und kommen schwerpunktmäßig aus dem Arbeitsinhalt. Motivatoren verändern also die Zufriedenheit, ihr Fehlen führt aber nicht zwangsläufig zur Unzufriedenheit. Das Streben nach Wachstum und Selbstzufriedenheit steht hier im Mittelpunkt. Zu den Motivatoren zählen insbesondere

- Leistung und Erfolg
- Anerkennung

- Arbeitsinhalte
- Verantwortung
- Aufstieg und Beförderung
- Wachstum

Zusammenspiel der Faktoren

Die Kombination von Hygienefaktoren und Motivatoren erzeugt vier mögliche Situationen:

- Hohe Hygiene und hohe Motivation: Die Idealsituation, in der Mitarbeiter hoch motiviert sind und wenig Beschwerden haben.
- Hohe Hygiene und geringe Motivation: Die Mitarbeiter haben zwar kaum Beschwerden, sind aber schlecht motiviert (Söldner-Mentalität).
- Geringe Hygiene und hohe Motivation: Die Mitarbeiter sind motiviert, haben aber viele Beschwerden. Der Job ist aufregend und herausfordernd, aber die Arbeitsbedingungen sind nicht so gut.
- Geringe Hygiene und geringe Motivation: Die schlechteste Situation; unmotivierte Mitarbeiter mit vielen Beschwerden.

Einige der Motivatoren können auch als Hygienefaktoren wirken, also zu Selbst-verständlichkeiten werden. Umgekehrt können Hygienefaktoren an Bedeutung gewinnen und Motivatoren werden, wenn sie länger gefehlt haben. Die Einordnung von einzelnen Faktoren in die Gruppe der Hygienefaktoren oder Motivatoren hängt also in Teilen auch von der spezifischen Situation sowie dem Erfahrungshintergrund des Einzelnen und der Gesellschaft insgesamt ab.

In der Praxis ist es wichtig, darauf zu achten, dass in diesem Zusammenspiel von Hygienefaktoren und Motivatoren der richtige Weg gefunden wird. Leistung muss sich lohnen. Die Belohnung sollte jedoch auch nicht zu früh erfolgen, denn sonst verpufft der Anreiz. Ich vergleiche das gerne mit dem Kauf eines neuen PKW. Man freut sich auf den Wagen, doch sehr bald wird es Normalität den Wagen zu fahren. Die Vorzüge des Neuen weichen der Gewohnheit.

24. Das Mitarbeitergespräch als Feedbacksystem

Auch zum Thema Mitarbeitergespräch drängen sich am Markt der Personaldienstleistungen eine fast unerschöpfliche Anzahl von potenziellen Unterstützern, die allesamt genau wissen, wie es funktioniert. Ehrlich muss ich eingestehen, dass ich es ohne externe Hilfe auch nicht geschafft hätte, das Mitarbeitergespräch bei uns im Unternehmen zu platzieren. Wir haben es im Jahr 2011 eingeführt und natürlich haben wir die Einführung begleiten lassen. Heute kann ich sagen, dass wir damit ein gutes Instrument haben, das für Mitarbeiter und Chef gleichermaßen genutzt wird, um über wichtige Dinge strukturiert reden zu können.

Gönnt man sich mal einen Besuch bei Google zu diesem Thema, werden sich viele Artikel damit beschäftigen, wieso es gut ist, Mitarbeitergespräche zu führen, was man mindestens besprechen sollte und wie das Prozedere ablaufen sollte. Alle Empfehlungen und Hinweise sind sicherlich gut geeignet. Ich möchte dennoch unabhängig davon einen Erfahrungsbericht zu unserem Vorgehen und den Ideen und Gedanken zum Mitarbeitergespräch abgeben.

Unsere Beweggründe für die Einführung der Mitarbeitergespräche waren im Jahr 2011 einfach und nachvollziehbar und damit eigentlich recht unspektakulär. Seit 2010 waren wir stark im Restrukturierungsprozess unterwegs. Viele Strukturen brachen auf, Führungskräfte wechselten, Mitarbeiter mussten neue Prozesse lernen und alle Mitarbeiter waren irgendwie unkoordiniert. Letztlich war es ein ganz normaler Veränderungszyklus (Change), den wir alle durchlaufen haben. Und was hilft da am meisten? Wenn man über seine Probleme und

Befindlichkeiten redet. Ich kann mich noch gut daran erinnern, dass viele Mitarbeiter im Einführungsjahr 2011 oftmals sagten, sie würden doch ohnehin miteinander reden und ein offizielles (Pflicht-) Gespräch wäre gar nicht notwendig. Viele davon wurden nach Einführung eines Besseren belehrt, bietet die ausgedachte Struktur doch einen guten „roten Faden", an dem sich Chef und Mitarbeiter entlanghangeln können.

Aber auch ohne einen Change und andere potenzielle Störfaktoren im menschlichen und betrieblichen Umgang gilt immer: Reden hilft!

In den ersten beiden Jahren nach der Einführung hatten wir in „lessons learned-Workshops" noch kleine Nachschliffe vorgenommen, so dass wir nun seit 2015 die unveränderte Version leben.

Wir haben das Mitarbeitergespräch mit folgenden Parametern aufgestellt:

1. Die Betriebsparteien haben für die Regeln eine Betriebsvereinbarung erstellt;
2. Es besteht eine Pflicht zum Gespräch;
3. Das Gespräch wird jährlich zwischen März und Mai geführt;
4. Für das Gespräch gibt es einen strukturierten Gesprächsbogen (Protokoll);
5. Das Gesprächsprotokoll ist ein „closed book", d.h. nur die Teilnehmer kennen die Inhalte;
6. Lediglich die Gesprächsdurchführung und eventuelle Vereinbarungen zu Weiterbildungen werden offen gemeldet;
7. Das Gespräch sollte in guter Umgebung in Ruhe stattfinden und zwischen 45 und 90 Minuten dauern;
8. Es können folgende Inhalte besprochen werden:

- Aufgaben des vergangenen Jahres mit Feedback in Menge und Güte;
- Noch zu erfüllende Punkte und Aufgaben;
- Gemeinsames Feedback zur Zusammenarbeit, zum Team, etc.;
- Zielvereinbarungen für das kommende Jahr;
- Ungeklärte Dinge festhalten, eventuell sogar nach oben eskalieren.

Aus eigener Erfahrung, mit zwischenzeitlich sehr vielen selbst durchgeführten Mitarbeitergesprächen, kann ich sagen, dass es jedes Mal sehr kurzweilig ist und immer einen guten Mehrwert bringt. Neben den sachlich/fachlichen Dingen ist es mir immer wichtig, dass ich mit meinen Mitarbeitern auch über deren persönliche Situationen und Beweggründe spreche. Besonders toll finde ich die Erkenntnis, dass wir beide bei jedem Mitarbeitergespräch irgendetwas erfahren, was wir noch nicht wussten. Und dies obwohl ich viele meiner Mitarbeiter bereits mehr als 20 Jahre kenne.

Wie bei allen Dingen im Leben gibt es sicherlich auch hier negative Beispiele. Mir wird auch heute noch manchmal berichtet, dass ein Mitarbeitergespräch irgendwie „nicht gut gelaufen" wäre. In wenigen Fällen mag es dann auch so sein, dass sich Mitarbeiter und Führungskraft nur kurz zusammensetzen und den Standardrückmeldebogen ausfüllen und unterschreiben, ohne ein echtes Gespräch geführt zu haben. Egal auf welche Weise dieses Angebot nicht oder nur unzureichend angenommen wird, müssen beide Teilnehmer wissen, was sie tun. Am Ende betrügt man sich eventuell selbst. Ich vergleiche diese Situation gerne mit einem Menschen, der sich im Trainingscenter anmeldet und zahlt, aber nicht hingeht. Wir haben nun im sechsten Jahr seit Einführung eine Meldequote von 90% erreicht, ein echt toller Wert. Einige wenige verkorkste Gespräche muss jedes System verkraften können.

Ein schöner Zusatzeffekt für die Planungen der persönlichen Trainings- und Weiterbildungsmaßnahmen ist der Rückmeldebogen. Hier werden die Vereinbarungen aus dem Mitarbeitergespräch zum Thema Weiterbildungen nämlich festgehalten. Die Personalentwicklung greift die Themen auf und kann dadurch den Standardtrainingskatalog mit dem jeweiligen aktuellen Gesamtbedarf abgleichen und anpassen. Natürlich kommt es auch vor, dass ganz spezielle Weiterbildungen ausgemacht werden, für die einzelne Planungen notwendig sind. Wie auch immer: Die Abmachungen werden nachgehalten.

Ein strukturiertes Gespräch zwischen Chef und Mitarbeiter ist meines Erachtens immer Bestandteil einer guten Unternehmenskultur. Je ehrlicher und aufschlussreicher ein solches Gespräch läuft, desto besser wird die Zusammenarbeit funktionieren. Störfeuer können beseitigt werden und die Aufmerksamkeit gilt allein der Arbeit und den Aufgaben.

25. Die Arbeitnehmerüberlassung

Gerade wurden die Änderungen des Arbeitnehmerüber-
lassungsgesetzes (AÜG) mit Wirkung vom 01.04.2017
verabschiedet. Die Inhalte des Änderungsgesetzes sind
sehr weitreichend. Politisch gesehen sind diese Änderungen einmal mehr ein schlechtes Beispiel dafür,
wie Politik in einer großen Koalition funktioniert. Die
SPD hätte am liebsten alle Möglichkeiten des Gesetzes
stark eingeschränkt, die CDU/CSU hingegen wäre für
noch mehr Flexibilität gewesen. Wie auch immer, es
war Abmachung des Koalitionsvertrages, das AÜG zu
ändern und wurde es nun gemacht. Die Industrie und
der Handel gehen nun davon aus, dass sich diese Änderungen zwangsläufig auf die wirtschaftliche Lage der
Unternehmen auswirken werden. Man geht sogar davon aus, dass dadurch dauerhaft Wirtschaftsleistung in
der Volkswirtschaft verloren geht und damit auch dauerhafte Arbeitsplätze.

Bevor ich mich in diese politische Diskussion nochmals einmische, möchte ich zunächst darstellen, was
Arbeitnehmerüberlassung überhaupt ist. Hierzu habe
ich zunächst ein Schaubild erstellt (siehe Seite 203).

Ein Arbeitnehmer schließt mit einem Arbeitgeber
einen Arbeitsvertrag. Der Arbeitgeber besitzt die Er-
laubnis zur Arbeitnehmerüberlassung und bietet seine Dienstleistungen, nämlich die Überlassung seiner
Arbeitnehmer an Dritte (Kunden), am Markt an. Er
schließt dazu einen Arbeitnehmerüberlassungsvertrag
mit seinem Kunden, bei dem er dann seinen Arbeitnehmer zur Arbeitsleistung einsetzt. Da dies einem Leih-
vertrag ähnlich ist, spricht man auch vom Verleiher und
Entleiher. Außerdem passiert dies immer nur temporär,
weshalb man auch in dieser Branche von Zeitarbeit

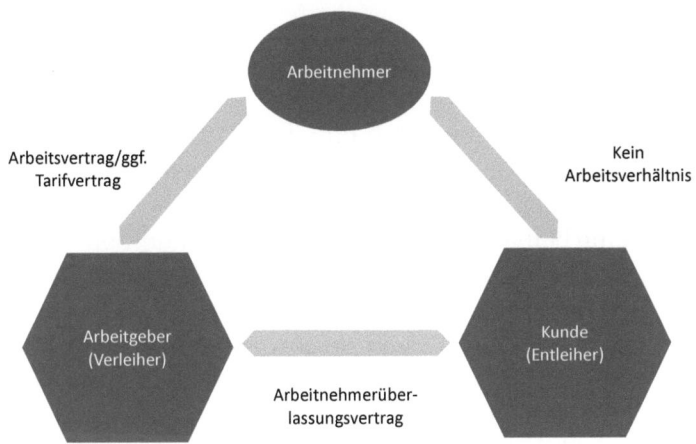

Abb. 25: Schaubild: Arbeitnehmerüberlassung

spricht.

Der Verleiher ist zwar der Arbeitgeber, er übergibt aber für die Dauer der Überlassung das Weisungsrecht an den Kunden (Entleiher). Dieser darf dann Arbeitszeit, Ort und die Art der Beschäftigung bestimmen. Näheres muss natürlich im Überlassungsvertrag geregelt werden. Der Arbeitnehmer erhält auch sein Gehalt vom Verleiher und zwar unabhängig davon, bei welchem Entleiher (Kunden) er gerade arbeitet. Und da in der Kalkulation für den Kunden natürlich meist ordentliche Gewinnspannen des Verleihers eingerechnet sind, wird klar, warum sich am Markt so viele Zeitarbeitsfirmen tummeln. Insbesondere Gewerkschafter nehmen oftmals bei derartigen Unternehmen das Schimpfwort „Seelenverkäufer" in den Mund. In einigen wenigen Fällen ist dies sicher auch angebracht.

Rein wirtschaftlich und praktisch betrachtet ist die Arbeitnehmerüberlassung dennoch ein gutes Instrument am Arbeitsmarkt:

- Zeitarbeitsfirmen bieten sehr viele Arbeitsplätze, viele davon auch unbefristet;
- Zeitarbeitsfirmen sind ein eigener Dienstleistungssektor mit guten gesamtwirtschaftlichen Zugewinnen in der Volkswirtschaft;
- Zeitarbeitsfirmen bieten oftmals gerade den weniger qualifizierten Arbeitnehmern dauerhafte Arbeitsplätze;
- Die Entleiher können so schnell und unbürokratisch auf Mehrbedarf reagieren, ohne eigenes Personal aufzubauen;
- Viele Arbeitnehmer von Zeitarbeitsfirmen schaffen es auch, im Entleihunternehmen eine Anstellung zu finden.

Wie so Vieles hat aber auch die Arbeitnehmerüberlassung eine Kehrseite. So kritisieren die Gewerkschaften, aber auch generell alle linken und sozialdemokratischen Parteien, folgende Punkte:
- Der Zeitarbeiter wechselt ständig seinen Arbeitsplatz;
- Der Zeitarbeiter erhält in der Regel weniger Lohn als der beim Entleiher beschäftigte Stammarbeiter.
Völlig emotions- und wertungsfrei muss man anerkennen, dass seit Zunahme der Zeitarbeit die Auftragslage in der BRD fantastisch ist. Wir haben ein gutes Wirtschaftswachstum und nahezu Vollbeschäftigung. Und trotzdem wurde von staatlicher Seite mal wieder eingegriffen, in dem die Regierung das Gesetz verschärft hat. Ab 01.04.2017 gelten insbesondere folgende Änderungen bei der Arbeitnehmerüberlassung:
1. Die maximale Überlassungsdauer beträgt nun 18 Monate;

2. Vor der erneuten Überlassung muss eine Zeitlücke von drei Monaten liegen;

3. Nach neun Monaten der Überlassung gilt der Grundsatz des „Equal Pay", d.h. der überlassene Arbeitnehmer muss das gleiche Gehalt wir der Stammarbeiter erhalten.

Diese drei grundlegende Änderungen werden in der Branche für Aufregung und Bewegung sorgen. Eines ist sicher: Bewegung wird es im Sinne des Wortes tatsächlich sehr viel mehr geben, müssen doch nun die Zeitarbeiter nach spätestens 18 Monaten ausgetauscht werden. Ob das dann im Sinne der besseren Arbeitsbedingungen ist, bleibt zu bezweifeln. Hinzu kommt die Tatsache, dass die Zeitarbeit nach neun Monaten teurer wird, denn dann muss das Gehalt angepasst sein. Sicher wird sich der Verleiher nämlich seine Gewinnspanne nicht nehmen lassen.

Ich weiß nicht, ob Frau Nahles und Co. sich das alles gut überlegt haben. Der Zeitarbeiter, der künftig noch öfter seinen Arbeitsplatz wechseln muss und dadurch vielleicht nicht die Chance hat, ins Stammunternehmen zu kommen, wird ihr das sicherlich danken.

Zu Zeiten der Gültigkeit des alten (ursprünglichen) Arbeitnehmerüberlassungsrechts vor dem Fall „Schlecker", gab es echte Problempunkte. Der von Schlecker eingeführte Drehtüreffekt war tatsächlich eine ganz fiese Masche: Schlecker kündigte allen Arbeitnehmern bestimmter Standorte betriebsbedingt und stellte die gleichen Arbeitnehmer im Wege der Arbeitnehmerüberlassung ein. Der neue Vertrag mit dem Verleihunternehmen war natürlich sehr viel schlechter als der alte Vertrag mit Schlecker. Dass man hier von staatlicher Seite eingriff, war mehr als nachvollziehbar. Was jedoch neuerlich angepasst wurde, ist für mich überzogene Regulierung.

Wir arbeiten in wenigen Fällen auch mit Leiharbeitnehmern. Gerade dort wo kurzfristig ein Bedarf zu decken ist, bietet sich das an. In Summe liegt der Einsatz derartiger Leiharbeitnehmer in unserem Unternehmen unter 1%. Und dennoch haben wir schon einige der Leiharbeitnehmer bei uns übernehmen können.

Eine recht aberwitzige Situation findet sich bei uns im Unternehmen dennoch im Bereich der Arbeitnehmerüberlassung: Wir haben im Jahr 2011 eine Gesellschaft gegründet, die im Rahmen des Restrukturierungsprozesses mit allen Mitarbeitern einen Arbeitsvertrag geschlossen hat, die im ursprünglichen Aufgabenumfeld überzählig waren. Diese Gesellschaft ist seither zuständig für die Arbeitseinsatzplanung, für die Weiterbildung und für die Qualifizierung der aufgenommenen Mitarbeiter. Insofern agiert die Gesellschaft ähnlich wie eine Transfergesellschaft. Obwohl die Gesellschaft die Arbeitnehmer zu fast 100% nur konzernintern verleiht, musste sie eine Arbeitnehmerüberlassungserlaubnis beantragen, die sie natürlich auch erhalten hat. Außerdem gilt aufgrund eines Tarifvertrages und mehrerer Betriebsvereinbarungen zum Interessenausgleich für alle Mitarbeiter dieser Gesellschaft ein Entgelt- und Kündigungsschutz. Damit kann der Grundsatz des „Equal Pay" nie unterlaufen werden. Trotzdem wurde bei der Prüfung durch die Bundesagentur für Arbeit festgestellt, dass einige Passagen in den Arbeitsverträgen und den internen Überlassungsverträgen zu „schmal formuliert" waren und wir diese anpassen mussten. Ich fragte die beiden Prüfer, ob ihnen klar wäre, dass die rechtliche Situation der überlassenen Arbeitnehmer mehr als gut und gesichert wären. Ich machte außerdem klar, dass andere Unternehmen bei einem großen

Restrukturierungsprozess in der Regel betriebsbedingt kündigen und eben nicht den Weg über eine interne Transfer- und Beschäftigungsgesellschaft gingen. Damit wären die freigesetzten Mitarbeiter immer ein Problem der Bundesagentur für Arbeit, so dass Jobsuche und Qualifikation dann staatliche Aufgabe wäre. Auch dieses Argument lief ins Leere, man müsse schließlich nur das Gesetz umsetzen. Und da haben die beiden definitiv recht. Nicht die Prüfer sind das Problem, sondern die Gesetzgeber.

Im Ergebnis schafft diese Gesetzeslage die fast ungeheuerliche Situation, dass trotz der Tatsache, dass kein Mitarbeiter einen Schutz des Gesetzes benötigt, dieser trotzdem angewandt wird. Dadurch haben Prüfer mehr Prüfaufwand und die betroffenen (in der Regel öffentliche) Arbeitgeber ein Mehr an Papierkram. Alles in allem ein tolles Beispiel für Bürokratieaufbau; anstatt weniger, wird es mehr.

In unserem System der sozialen Marktwirtschaft ist es manchmal wichtig, dass staatliche Eingriffe vorgenommen werden. An der Stelle hat dieses System jedoch total überzogen.

26. Die Auswirkungen der Digitalisierung auf das Personalmanagement

Die Kontaktdaten eines Personalleiters stehen sicherlich in sehr vielen Datenbanken von Organisationen und Firmen, die Lösungen für alle personalwirtschaftlichen Themen anbieten. Sie werden daher täglich mit Werbepost und Werbemails bombardiert. Fast jede dritte dieser Werbeangebote geht thematisch in die Richtung „Arbeit 4.0 und Digitalisierung". Man kann daher sagen, dass das Thema derzeit in der Personalwirtschaft favorisiert wird.

Tatsächlich gehört die Digitalisierung zu den Themen in der Personalwirtschaft, die es insbesondere zu beachten gilt. Unser Leben verändert sich rasant schnell. Die analoge Welt wird in immer kürzeren Taktungen von der digitalen Welt abgelöst. Diese Veränderung macht auch und insbesondere nicht vor Arbeitsprozessen halt. Kann ein analoger Arbeitsprozess sicherer, schneller und effizienter digital gestaltet werden, so wird das früher oder später stattfinden. Unsere Gesellschaft wird diesen Trend auch nicht mehr aufhalten können und das Gleiche gilt ebenso für einen Arbeitgeber. Dieser muss sich diesen Herausforderungen stellen, sonst wird er nicht mehr Schritt halten können.

Wir haben uns als Arbeitgeber dem Thema seit einiger Zeit ganz bewusst angenommen. Eine Stabsstelle steuert die Themen der „neuen Technologien" und kümmert sich um die damit zusammenhängenden Trends am Markt. Dieser Stab agiert sozusagen als „Forschungs- und Entwicklungsabteilung". Außerdem haben wir im Haus sehr viele Arbeitsprozesse digitalisiert, ich hatte dazu in den anderen Kapiteln auszugsweise berichtet.

Die Herausforderungen für die Personalwirtschaft liegen auf der Hand: Die Mitarbeiter müssen den neuen (digitalen) Anforderungen gewachsen sein. Veränderungen werden insgesamt schneller stattfinden, Strukturen werden aufgebrochen und Arbeitszeiten werden fließender. Der Personalwirtschaft muss es gelingen, das vorhandene Personal entsprechen mitzunehmen und für neues Personal andere (veränderte) Kompetenzen zu suchen.

Ebenso wird es eine neue Art von Führung geben müssen. Hierarchische, stark strukturelle Führung mit hohem fachlichem Inputanteil wird weniger werden. Zunehmen wird ein Führungsstil mit starkem Teamcharakter, weniger Fachwissenanteil und flexiblem Feedback untereinander. Aufgrund des starken Anstiegs an Projektarbeiten sind interdisziplinäre Strukturen notwendig, also Matrix- oder Schwarmorganisationen. Hier ist eine offene Feedbackkultur ohnehin sehr wichtig.

Die Personalabteilungen der Unternehmen werden hier den Mammutanteil an Kompetenzveränderungen leisten müssen. Speziell in der Energiewirtschaft werden alle Themen aufschlagen, die mit der Energiewende zu tun haben. Erneuerbare Energien, Energiewirtschaftsrecht, Elektromobilität und intelligente Energiemessungen (Zählerwesen) sind heute schon bekannte Determinanten für die sich verändernden Rahmenbedingungen.

Schließlich werden auch alle Veränderungen der Digitalisierung direkten Einfluss auf das Arbeitsrecht haben. Betroffen wird insbesondere das Kollektivarbeitsrecht sein. Arbeits- (Schutz) Gesetze wie z.B. das Arbeitszeitgesetz, aber auch Tarifverträge, werden angepasst werden müssen. Eine digitale Welt ist flexibel und benötigt daher auch flexible Menschen, die darin arbeiten. Ich sehe dieser Entwicklung mit gemischten Gefühlen entgegen. Es wird Gewinner, aber auch Verlierer geben. Alles in allem wird wieder mal ein Stück Menschlichkeit verloren gehen. Und wieder werden wir die Stimmen hören, die sagen: „Früher war alles besser."

Aber ist es wirklich so? Schauen wir genauer hin: Heute muss kein Mensch mehr Schwerstarbeit leisten, da es dafür Technik gibt. Heute gibt es sehr gute medizinische Versorgung. Heute haben wir ein Sortiment an Freizeitbeschäftigungen, das es noch nie gab.

Zweifler werfen an der Stelle ein, dass all diese Errungenschaften die Menschen nicht glücklicher machen. Viele würden sogar den Sinn des Lebens nicht mehr kennen. Die Antwort auf diese Frage muss sich jeder selbst stellen.

Nach diesem fast schon philosophischen Abschweifen bleibt abschließend festzustellen, dass die Veränderungen aufgrund der digitalen Möglichkeiten sehr viel schneller stattfinden als früher. Die Menschen erleben diese Veränderungen ohnehin im gesellschaftlichen Kontext. Aber insbesondere bei der Arbeit wird dies ein ständiger Begleiter sein. Diese weitere „Geschwindigkeitskomponente" muss die Personalwirtschaft angemessen berücksichtigen. Gelingt dies nicht ausreichend gut, wird es zwangsläufig zu Problemen kommen.

Danksagung

Als ich zur Weihnachtszeit 2016 für mich und meine Gedanken viel Zeit hatte, kam mir die Idee: Ich möchte ein Buch schreiben!

Ich bin nun seit über 30 Jahren im Bereich der Personalwirtschaft unterwegs. Ich habe in dieser Zeit sehr viele schöne berufliche Momente erlebt und habe so viele tolle und interessante Menschen kennenlernen dürfen. Ich denke an der Stelle auch an die Menschen, die für mein berufliches Leben wichtig waren, die mich geprägt haben oder einfach für mich da waren.

Der erste, der mir einfällt, war mein erster Mentor Wolfgang Daub.

Als ich mich 1993 entschied, den sicheren Hafen des Beamtendaseins zu verlassen, war einer der ausschlaggebenden Faktoren mein damaliger Chef und heutiger Freund Alexander Grimm, ohne ihn hätte ich nicht machen dürfen, ohne ihn wäre ich nicht aufgefallen und ohne dich wäre ich sicherlich nicht da, wo ich heute bin. Die letzten acht Jahre meiner beruflichen Laufbahn wurde ich von meinem neuen Chef, unserem Geschäftsführer Herrn Prof. Dr. Rudolf Irmscher gefordert und ebenso gefördert. Er war es, der mich im Prozess der Neuaufstellung angesprochen hatte, ob ich mir zutrauen würde, die Personalleitung zu übernehmen. Seither hat sich nicht nur mein Fachwissen enorm gesteigert, sondern auch meine Einstellung zum Beruf und sogar zum Leben insgesamt. Ich schätze den Rat und den Umgang mit meinem Chef sehr, es macht Spaß an seiner Seite zu agieren, er ist für mich ein Mensch, zu dem ich gerne aufschaue.

Der größte Dank allerdings geht an meine geliebte Ehefrau Gaby. Sie hat mir nicht nur zwei ganz tolle Jungs geschenkt, die uns beiden große Freude machen. Sie hat mir auch ermöglicht, mich beruflich entwickeln zu können. Liebe Gaby, danke für diese großartige Unterstützung in der Zeit meines Studiums, aber auch danke für unsere tollen Kinder und die schönen Ehejahre.

Zu allerletzt auch noch ein Dankeschön an meine Lektorin Frau Ott und an meinen Sohn Patrick, der mein Werk gestalterisch umgesetzt hat.

Literatur

Bib-Demografie.de Link 2018: http://www.bib-demografie.de/SharedDocs/
Publikationen/DE/Broschueren/bevoelkerung_2013.pdf?__blob=publication
File&v=12. Zugegriffen: 14.02.2018.

BMFSFJ.de Link 2018: https://www.bmfsfj.de/bmfsfj/service/publikationen/familienfreundlichkeit/74474. Zugegriffen: 19.02.2018.

Bundesgesundheitsministerium.de Link 2018: https://www.bundesgesundheitsministerium.de/themen/praevention/betriebliche-gesundheitsfoerderung/was-steckt-dahinter.html. Zugegriffen: 19.02.2018.

Dhs.de Link 2018: http://www.dhs.de/fileadmin/user_upload/pdf/Arbeitsfeld_Arbeitsplatz/Qualitaetsstandards_DHS_2011.pdf. Zugegriffen:
19.02.2018.

Duden Link 2018: https://www.duden.de/rechtschreibung/Coach_Sportlehrer_Trainer. Zugegriffen: 19.02.2018.

IG Metall Link 2018: https://www.igmetall.de/die-tarifpolitik-der-ig-metall-133.htm. Zugegriffen: 19.02.2018.

Myers, David G. 2013: Psychologie. Springer

Verivox.de Link 2018: https://www.verivox.de/themen/unbundling/. Zugegriffen: 19.02.2018.

Wikipedia.de Link zu Outplacement 2018: https://de.wikipedia.org/wiki/
Outplacement. Zugegriffen: 19.02.2018.

Wikipedia.de Link zu Mediator 2018: https://de.wikipedia.org/wiki/Mediator. Zugegriffen: 19.02.2018.

Wikipedia.de Link zu Management Audit 2018: https://de.wikipedia.org/
wiki/Management_Audit. Zugegriffen: 19.02.2018.

Wikipedia.de Link zu Team Management Systems 2018: https://de.wikipedia.org/wiki/Team_Management_Systems. Zugegriffen: 19.02.2018.

Wikipedia.de Link zu Work-Life-Balance 2018: https://de.wikipedia.org/

wiki/Work-Life-Balance. Zugegriffen: 19.02.2018.

Wikipedia.de Link zu Gewaltfreie Kommunikation 2018: https://de.wikipedia.org/wiki/Gewaltfreie_Kommunikation. Zugegriffen: 19.02.2018.

Wirtschaftslexikon24 Link 2018: http://www.wirtschaftslexikon24.com/d/betriebliche-mitbestimmung/betriebliche-mitbestimmung.htm. Zugegriffen: 19.02.2018.

Wirtschaftslexikon Gabler Link 2018: http://wirtschaftslexikon.gabler.de/Definition/fehlzeitenquote.html. Zugegriffen: 19.02.2018.

Wirtschaftslexikon Gabler Link 2018: http://wirtschaftslexikon.gabler.de/Definition/personalentwicklung-1.html. Zugegriffen: 19.02.2018.

Zeitzuleben.de Link 2018: https://www.zeitzuleben.de/psyche-auf-dem-prufstand-personlichkeitstests. Zugegriffen: 19.02.2018.

Über den Autor

Matthias Straub, Jahrgang 1964 schlug zunächst nach seiner Mittleren Reife eine Beamtenlaufbahn in der Kommunalverwaltung ein. Bereits kurz nach der Staatsprüfung kam er in den Bereich des Personalmanagements, dem er bis heute treu blieb.

Das Beamtenrecht ließ ihm keine Möglichkeiten zur beruflichen Entwicklung offen, weshalb er nach 12 Jahren den Ausstieg aus dem sicheren Hafen wagte und bei einem kommunalen Energieversorger als Sachbearbeiter in der Personalverwaltung anheuerte. Nach Abschluss eines berufsbegleitenden Betriebswirtschaftsstudiums übernahm er nach und nach Projektarbeiten im Personalbereich, führte einige Jahre eine Arbeitsgruppe in der Personalabteilung und ist nun seit vielen Jahren als Personalleiter des Unternehmens mit 700 Mitarbeitern gesamtverantwortlich für das Personalmanagement und dessen Strategie. Als Mitglied im Arbeitgeberverband, als beisitzender Richter am Sozialgericht und Arbeitsgericht und als aktiver Netzwerker ist er immer auf der Suche nach Lösungen für den Personalbereich.